अकबर-बीरबल की अनोखी दुनिया

(कहानियाँ)

अकबर-बीरबल की अनोखी दुनिया

व्यंग्य-विनोद, बुद्धिचातुर्य, न्याय-कौशल की अनूठी कहानियाँ

अशोक महेश्वरी

राधाकृष्ण प्रकाशन

ISBN : 978-81-8361-512-9

अकबर-बीरबल की अनोखी दुनिया

पहला संस्करण : 2012
आठवाँ संस्करण : 2022

मूल्य : ₹ 595

प्रकाशक
राधाकृष्ण प्रकाशन प्राइवेट लिमिटेड
जी-17, जगतपुरी, दिल्ली-110 051

शाखाएँ : अशोक राजपथ, साइंस कॉलेज के सामने, पटना-800 006
पहली मंजिल, दरबारी बिल्डिंग, महात्मा गांधी मार्ग, प्रयागराज-211 001
36-ए, शेक्सपियर सरणी, कोलकाता-700 017

वेबसाइट : www.radhakrishnaprakashan.com
ई-मेल : info@radhakrishnaprakashan.com

मुद्रक
यश प्रिंटोग्राफिक्स
ग्रेटर नोएडा–201 310 (उत्तर प्रदेश)

AKBAR-BEERBAL KI ANOKHI DUNIYA
Stories by Ashok Maheshwari

भूमिका

अकबर विनोदप्रिय शासक था। मनोरंजन और जिन्दादिली का मुरीद। बीरबल का बुद्धिबल तीव्र था। वह समझ लेता था कि बादशाह अकबर की किस भंगिमा का क्या अर्थ है, और बीरबल अकबर की भंगिमा के अनुरूप अपने आपको ढाल लेता था। इसी विशेषता के कारण बीरबल अकबर का सखा बन गया था। अपनी तेज बुद्धि, मनोरंजक बातें, सूझ-पूर्ण ढंग से समस्याओं को सुलझाने और समयानुकूल निर्णय लेने की दक्षता के कारण बीरबल ने अकबर के दरबार में ही नहीं बल्कि उसके जीवन और मन में भी स्थान बना लिया था।

समय के साथ बीरबल और अकबर के किस्से मशहूर होने लगे। अपनी रोचकता, मनोरंजन की क्षमता और हाजिरजवाबी की मिसाल होने के कारण इन किस्सों ने तब से लेकर अब तक की लम्बी यात्रा की है और आज भी रोचकता और आकर्षण का केन्द्र बने हुए हैं। अकबर और बीरबल के विविध प्रसंगों को लेकर कही गई ये कहानियाँ जहाँ पाठकों का मनोरंजन करती हैं, वहीं उन्हें समयानुकूल आचरण करने के लिए प्रेरित भी करती हैं।

अकबर और बीरबल को लेकर प्रचलित कुछ कहानियाँ अश्लीलता की हदों को पार करती सी प्रतीत होती हैं और कुछ कहानियाँ ऐसी भी हैं जो सवाल उठाती हैं कि क्या अकबर जैसा बादशाह इस तरह की ओछी लगनेवाली बात कह सकता था? इस संग्रह में सायास ऐसी कहानियों से परहेज रखा गया

है तथा प्रयास किया गया है कि संग्रह की कहानियाँ मनोरंजन के साथ ही पाठक को उलझनों को धैर्यपूर्वक सुलझाने की प्रेरणा दे सकें। इस संग्रह की अधिकांश कहानियाँ ऐसी हैं जिन्हें पढ़ते-पढ़ते पाठक हँसते-हँसते लोट-पोट हो जाएँगे।

—अशोक महेश्वरी

अनुक्रम

अकबरायण और सादी किताब

एक बार अकबर ने बीरबल से कहा—"जिस तरह राम के जीवन-संघर्षों को लेकर अमर आख्यान 'रामायण' के रूप में लिखा गया, उसी तरह मेरे जीवनवृत्त पर आधारित 'अकबरायण' लिखा जाना चाहिए। यह काम तुम्हें कराना होगा, चाहे जैसे कराओ। इस कार्य पर जो भी व्यय आएगा, वह तुम्हें राज्यकोष से प्राप्त हो जाएगा।"

बीरबल ने बहुत सोचने-समझने के बाद अकबर से कहा—"जहाँपनाह! 'अकबरायण' तो लिखवा लूँगा लेकिन इस पर कितना खर्च आएगा, यह अभी से बता पाना बहुत कठिन है। हाँ, फिलहाल मुझे चार माह की सवैतनिक छुट्टी और 'अकबरायण' के लिए बीस हजार रुपए दिलवा दें। मैं आज से ही काम में जुट जाऊँगा।"

अकबर ने बीरबल को बीस हजार रुपए दिलवा दिये और उसकी चार माह की संवैधानिक छुट्टी भी मंजूर कर ली।

बीस हजार रुपए लेकर बीरबल मस्ती में घर पहुँचा। कुछ रुपए पत्नी को घर की आवश्यकताओं के लिए दिये और स्वयं यात्रा की तैयारी करने लगा।

उसकी पत्नी ने पूछा—"आप कहीं जा रहे हैं क्या?"

बीरबल ने जवाब दिया—"हाँ; चार माह की यात्रा पर निकल रहा हूँ। अकबर के पूरे साम्राज्य की यात्रा करनी है। चार माह में देखूँ, कितना कर पाता हूँ।"

दूसरे दिन ही बीरबल अपने घोड़े से अकबर के साम्राज्य के विभिन्न नगरों और ग्रामों की यात्रा पर निकल गया। उसने जहाँ कहीं भी पेयजल का संकट देखा, वहाँ उसने कुएँ खुदवाए। 'अकबरायण' के लिए मिले धन

से उसका भुगतान किया और आगे बढ़ गया। इस तरह बीरबल ने चार माह में शताधिक ग्रामों में पेयजल की व्यवस्था कर दी।

चार माह बीतने पर उसने राजधानी की राह पकड़ी और राजधानी पहुँचकर एक दफ्तरी से सादे कागजों की एक बहुत ही मोटी किताब तैयार कराई और उस मोटी किताब को घोड़े पर लादकर अकबर के पास पहुँच गया।

अकबर उसे अपने शाही महल में ले गया और वहाँ बैठकर उससे 'अकबरायण' के बारे में पूछने लगा।

अकबर की उत्सुकता देखकर बीरबल ने कहा–"जहाँपनाह! पुस्तक लेखन की प्रारम्भिक तैयारियाँ हो चुकी हैं। बस, कुछ जानकारियाँ चाहिए। जैसे राम की पत्नी सीता थी, आपकी एक से अधिक बेगमें हैं। मुझे बताएँ कि किस बेगम को आपकी पत्नी के रूप में चित्रित किया जाए?"

अकबर ने कहा–"बड़ी बेगम को ही यह अधिकार मिलना चाहिए। तुम उनका ही नाम दिलवाओ!"

"जैसी आज्ञा जहाँपनाह!" बीरबल ने कहा, फिर कुछ देर की मौन के बाद उसने अकबर से कहा–"मुझे चार माह की संवैधानिक छुट्टी और बीस हजार रुपए और दिलवा दें।"

अकबर ने अविलम्ब बीरबल की छुट्टी मंजूर कर ली और उसे बीस हजार रुपए दिलवा दिये।

अकबर के कक्ष से निकलकर बीरबल उस सादे कागज की किताब के साथ बड़ी बेगम के महल में पहुँच गया।

बीरबल के आने से अकबर की बड़ी बेगम प्रसन्न हुईं और उसकी अच्छी खातिरदारी की। फिर उससे आने का सबब पूछा।

बीरबल ने बड़ी बेगम से कहा–"रामायण की तर्ज पर 'अकबरायण' लिखा जा रहा है। राम के जीवन में पत्नी के रूप में केवल सीता ही थीं। जहाँपनाह ने अपनी पत्नी के रूप में 'अकबरायण' में आपका जिक्र करने की इजाजत दे दी है। मगर अब मेरे सामने यह एक बड़ी समस्या है कि सीता को राक्षसों का राजा रावण पंचकुटी से अपने विमान पर जबरन उड़ाकर ले आया था और उनको उसकी अशोक वाटिका में काफी दिनों तक रहना पड़ा था। मेरी समझ में नहीं आ रहा है कि मैं आपको किसके कब्जे में और कहाँ रहता दिखाऊँ?"

बीरबल की बात सुनकर बड़ी बेगम बहुत नाराज हुईं। उन्होंने वह किताब उठाई और एक कनीज को देते हुए कहा–"जा, ले जा इस किताब को और आग में झोंक दे।" फिर बीरबल की ओर मुखातिब होकर कहा– "बादशाह पर महान बनने की सनक सवार हो गई है मगर आप तो समझदार हैं, क्यों झूठी-सच्ची बातें बनाकर कुछ लिखेंगे? बन्द कीजिए यह लिखना-विखना। मैं बादशाह को समझा लूँगी।"

बीरबल तो यही चाह रहा था, क्योंकि उसकी सादी किताब का वजूद नहीं था। बेगम के आदेश से वह सादी किताब खाक में तब्दील हो चुकी थी।

बड़ी बेगम के पास से उठकर बीरबल फिर अकबर के पास मुँह लटकाए पहुँच गया और बड़ी बेगम द्वारा किताब जलवा देने का वाकया सुना दिया।

अकबर यह सुनकर थोड़ी देर तक हँसता रहा, फिर कहा–"बीरबल, उस किताब के जल जाने से तो तुम्हारे काम में कोई अन्तर नहीं आ सकता। तुम जिस तरह 'अकबरायण' लिख रहे थे वह मुझे बहुत अच्छा लगा। कई गाँवों से लोग आए और उनकी प्यास बुझाने की व्यवस्था कराने के लिए मुझे दुआएँ देकर गए। लोग मुक्त कंठ से कह रहे थे–बादशाह हो तो अकबर जैसा। इससे अच्छा 'अकबरायण' भला कौन लिख सकता है! जब तक चाहो घर पर रह लो और फिर 'अकबरायण' के लिए कूच कर जाओ। और पैसों की जरूरत हो तो राजकोष से निकलवा लेना।"

बीरबल मुस्कुराते हुए बीस हजार रुपए के साथ अपने घर की ओर रवाना हो गया।

अधूरा आदेश

अकबर ने अपनी तीमारदारी के लिए एक नया नौकर रखा। नौकर को उन्होंने कहा कि वह अपने ढंग से समझे कि उन्हें किस वक्त किस चीज की जरूरत होती है और उनके किस कथन का क्या अर्थ होता है।

नौकरी पाने के बाद उनका यह नया नौकर सुलेमान बहुत खुश हुआ मगर उसकी खुशी थोड़ी देर में ही समाप्त हो गई क्योंकि महल के नौकरों से उसे मालूम हुआ कि बादशाह अपने तीमारदार में इतनी खूबियाँ चाहते हैं कि एक आदमी में उतनी खूबियाँ हों, यह सम्भव ही नहीं है, जैसे–बादशाह जब बिस्तर से उतरते हैं तो उनका तीमारदार उनकी चप्पलें उनके पाँव के पास बिना माँगे ही रखता है। बादशाह जब दरबार के लिए तैयार होते हैं तो कौन से अचकन के साथ कौन सी जूती पहनेंगे यह समझ लेना तीमारदार का काम होता है। बादशाह इन चीजों के लिए अपनी पसन्द कभी नहीं बताते मगर तीमारदार को यदि उनकी पसन्द समझने में कोई भूल हुई तो समझ लीजिए कि उसकी खैर नहीं।

सुलेमान इन जानकारियों से खासा परेशान हुआ। वह जरूरतमन्द था। परिवार के भरण-पोषण के लिए उसे नौकरी की जरूरत थी। मगर बादशाह की तीमारदारी के काम में उसे जो जोखिमें बताई गई थीं उससे उसका आत्मविश्वास डगमगा गया था। लेकिन उसने हिम्मत नहीं हारी। बादशाह का तीमारदार बने रहने के लिए उसने अकबर के हर रंग-ढंग को बारीकी से समझना शुरू कर दिया। इस तरह दो दिनों में ही उसे यह बात समझ में आ गई कि कब बादशाह पानी चाहते हैं और कब उन्हें शर्बत देना है। किस समय बादशाह की जूती उतारनी है और किस समय पहनने को चप्पल देनी है। इस तरह उसका खोया आत्मविश्वास वापस आने लगा।

अभी उसे बादशाह की तीमारदारी में लगे तीन-चार दिन ही बीते थे कि एक सुबह बादशाह ने जगते ही सुलेमान से कहा–"बुला लाओ!"

सुलेमान बादशाह का आदेश सुनने के बाद कमरे से बाहर चला गया। कमरे के बाहर पहुँचने के बाद वह परेशानहाल इधर-उधर चहलकदमी करने लगा। बार-बार उसके मन में सवाल उठता, किसे बुलाकर लाऊँ? न जाने बादशाह ने किसे बुलाकर लाने को कहा है!

वह इसी उधेड़बुन में लगा था कि बादशाह से मिलने के लिए कुछ जरूरी दस्तावेजों के साथ बीरबल वहाँ पहुँचा। सुलेमान पर उसकी नजर पड़ी। बीरबल ने सुलेमान की हालत देखी तो उसे यह जानने की उत्सुकता हुई कि बादशाह का यह खास तीमारदार यूँ परेशान सा क्यूँ है? इसलिए उसने सुलेमान से पूछा–"क्या बात है सुलेमान, यह सुबह-सुबह तुम्हारे चेहरे पर मुर्दनी सी क्यों छाई हुई है?"

सुलेमान ने बीरबल को अपनी परेशानी बताई–"हुजूर! सुबह जब मैं बादशाह के पास उनकी तीमारदारी के लिए गया तो बादशाह ने मुझे कहा–'बुला लाओ!' मुझे सिर्फ तीमारदारी की इजाजत है। मैं बादशाह से सवाल नहीं कर सकता। इसलिए मैं आदेश सुनकर बादशाह के कमरे से तो बाहर निकल आया मगर समझ में नहीं आया कि बादशाह ने मुझे किसे बुलाकर लाने को कहा है!...अब तो जैसे-जैसे समय बीत रहा है वैसे-वैसे मेरे दिल की रफ्तार बढ़ रही है। लग रहा है कि मेरी नौकरी अब बचनेवाली नहीं!"

रुआँसा-सा सुलेमान कुछ और बोलता, उससे पहले ही बीरबल ने उसे टोक दिया–"अरे, कोई बात नहीं है! जाओ, जाकर हजामत बनानेवाले को बुलाकर ले आओ।"

बीरबल की बात सुनकर सुलेमान बीरबल की ओर संशय भरी निगाह से देखने लगा, मानो पूछ रहा हो कि कहीं कोई गलती हो गई तो?

बीरबल ने उसके संशय को समझते हुए कहा–"जो कह रहा हूँ, करो सुलेमान! बादशाह तुम पर खुश भी होंगे और इनाम भी देंगे।"

सुलेमान ने हज्जाम को बुला लिया और उसे बादशाह के कक्ष में छोड़ आया।

हज्जाम ने बादशाह की हजामत बनाई। अकबर तैयार हुए। सुलेमान बीरबल के आने की खबर देते हुए बादशाह के पाँव में जूती डालने लगा।

अकबर ने सुलेमान से पूछा–"मैंने तो तुम्हें बुला लाओ भर कहा था, तुमने कैसे जाना कि हज्जाम को बुलाकर लाना है?"

बादशाह का सवाल सुनकर सुलेमान ने उन्हें सच-सच बता दिया कि बादशाह के अधूरे आदेश से वह किस तरह उलझन में आ गया था और फिर बीरबल ने कैसे उसकी समस्या का निदान किया।

अकबर सुलेमान के सच बोलने से बहुत खुश हुए और उसे इनाम देकर बीरबल को कमरे में भेज देने को कहा।

इसके बाद अकबर ने कभी भी सुलेमान को अधूरे आदेश नहीं दिए।

अचार, दही और मिठाई

एक दिन बीरबल दरबार से कुछ जल्दी चला गया। उस दिन कुछ ऐसे मुद्दों पर चर्चा चल रही थी कि अकबर को बीरबल की कमी खली मगर बीरबल का तो कहीं पता ही न था।

दूसरे दिन अकबर ने बीरबल से पूछा—"कल दरबार से अचानक कहाँ चले गए थे बीरबल?"

"जहाँपनाह! मेरे एक सम्बन्धी के बच्चे का अन्नप्राशन था। उसी अवसर पर आयोजित भोज में मुझे सपरिवार जाना था जिसके कारण मैं दरबार से चला गया था। क्षमा करें, आप दरबार की चर्चा में मशरूफ थे इसलिए बीच में खलल डालना उचित नहीं समझा और बिना पूछे चला गया।" बीरबल ने उत्तर दिया।

"कोई बात नहीं है...सपरिवार दावत का मजा तो तुमने लिया न! क्या-क्या खा आए दावत में?" अकबर ने चुटकी लेते हुए बीरबल से पूछा।

बीरबल ने बताना शुरू किया—"खीर, पूरी, परमल की सब्जी..."

अभी वह कुछ और व्यंजनों के नाम बताता कि अकबर का ध्यान किसी अन्य दरबारी की ओर चला गया और वे उस दरबारी को कुछ जरूरी बातें समझाने लगे।

बीरबल की बात अधूरी रह गई।

उसके बाद कई दिनों तक जब भी दरबार लगा तब अकबर शासन कार्य में ही व्यस्त रहे।

शासन सम्बन्धी जरूरी कार्यों का दौर समाप्त हो जाने के बाद एक दिन अचानक अकबर की नजर बीरबल पर पड़ी और उन्होंने बीरबल से पूछा—"हाँ, तो बीरबल, और क्या?"

बीरबल समझ गया कि अकबर उससे दावत में परोसी गई चीजों के नाम पूछ रहे हैं। उसने तपाक से कहा–"और क्या जहाँपनाह! वही अचार, दही और मिठाई।"

बीरबल की स्मरणशक्ति और सूझ-भरी बातें सुनकर अकबर कायल हो गए और तुरन्त अपने गले से मोतियों की एक माला उतारकर बीरबल के गले में डाल दी।

दरबारी समझ नहीं पाए कि यह पुरस्कार बीरबल को आखिर बादशाह ने क्यों दिया! उनमें से कुछ को लगा कि अचार, दही और मिठाई बादशाह को पसन्द हैं इसलिए उनका नाम सुनकर वे खुश हो गए और बीरबल को पुरस्कृत कर दिया। उन्होंने सोचा कि इन चीजों का नाम सुनकर जब बादशाह इस तरह खुश होते हैं कि गले से मोतियों की माला निकालकर दे देते हैं तो इन चीजों की भेंट दिए जाने पर तो भेंट देनेवाले को मालामाल ही कर देंगे। फिर क्या था! दूसरे दिन ही कई दरबारी अकबर के पास अचार, दही और मिठाइयाँ मर्तबानों में भरकर ले आए और उन्हें भेंटस्वरूप देने लगे।

अकबर को कुछ समझ में नहीं आया तो उन्होंने भेंट लानेवाले दरबारियों से पूछा–"अरे, यह सब क्या है?"

दरबारियों ने उत्तर दिया–"अचार, दही और मिठाई।"

अकबर को समझते देर नहीं लगी कि ये दरबारी पुरस्कार पाने की लालसा में बीरबल की भोंडी नकल कर रहे हैं। उन्होंने तुरन्त उन दरबारियों को डाँट लगाते हुए कहा–"किसी की भोंडी नकल करने से अक्ल नहीं आ जाती। दरबार में रहना है तो अक्ल से काम लेना सीखो।"

अजब चाल

अकबर यदि बीरबल के साथ हों और कोई बात नहीं कर रहे हों, ऐसा हो ही नहीं सकता था। बीरबल को देखते ही मानो अकबर के मन में सवाल पैदा होने लगते थे। अकबर के सवाल कभी-कभी संजीदा भी होते थे किन्तु प्रायः वे बीरबल को छेड़ने के लिए भी सवाल करते थे।

एक बार अकबर अपने दरबार में बैठे थे। दरबारियों से उनकी गुफ्तगू चल रही थी। शासन का कोई संजीदा मसला नहीं था इसलिए बादशाह भी मस्ती करने में लगे थे। तभी अकबर ने बीरबल को दरबार में आते देखा। बीरबल की चाल उस दिन कुछ असामान्य-सी थी। इसलिए अकबर ने चुटकी लेने के खयाल से दरबारियों से पूछा–"बताओ भाइयो, अजब चाल से कौन चलता है?"

बीरबल ने बादशाह का प्रश्न सुन लिया और समझ गया कि बादशाह ने उसी को लक्ष्य करके सवाल किया है। दरअसल उस दिन दरबार आते समय बीरबल के पाँव में मोच आ गई थी इसलिए उसकी चाल में एक लचक-सी थी।

अकबर का प्रश्न दरबारियों ने सुना था लेकिन बीरबल को दरबार में प्रवेश करते हुए केवल अकबर देख पाए थे। दरबारियों की पीठ बीरबल की ओर थी इसलिए कोई उसे देख नहीं पाया था। अकबर के प्रश्न से अकचकाए दरबारियों में से एक ने पूछा–"जहाँपनाह! अजब चाल का मतलब?"

अकबर की नजर उस समय भी बीरबल की विचित्र चाल पर टिकी हुई थी। उन्होंने बीरबल पर नजर टिकाए हुए ही कहा–"बिलकुल अपनी ही चाल, जिसकी नकल दूसरा कर ही न सके, ऐसी अजब चाल!"

"जहाँपनाह! पृथ्वी।" एक ने कहा।

"जहाँपनाह! चन्द्रमा।" दूसरे ने कहा।

"जहाँपनाह! हवा।" तीसरे ने कहा।

बारी-बारी से इस तरह के कई उत्तर आए।

तब तक बीरबल अपने आसन के समीप पहुँच चुका था। उसने अवसर मिलते ही कहा–"अजब चाल के स्वामी धरती पर दो प्राणी हैं–एक तो किसी मुल्क का बादशाह और दूसरा बनिया। बादशाह का हुक्म अजब चाल से चलता है, यह सभी जानते हैं और बनिए का ब्याज अपने ढंग से चलता है, यह भी सभी जानते हैं।"

बीरबल का कटाक्ष सुनकर अकबर झेंप गए।

आम के पेड़ का असली मालिक

यमुना तट पर बसे एक गाँव में दो पड़ोसियों के बीच एक आम के पेड़ को लेकर विवाद हो गया। दोनों पड़ोसी आम के उस पेड़ के लिए एक जैसी बात बताते हुए उसपर अपना दावा कर रहे थे।

विवाद गाँव के मुखिया के पास पहुँचा लेकिन मुखिया उसका फैसला नहीं कर सका। दोनों पड़ोसी आम के उस पेड़ के लिए एक-दूसरे को भद्दी-भद्दी बातें कहते हुए मरने-मारने पर उतारू हो गए। बात बिगड़ती गई। विवाद बढ़ता गया और अन्ततः वे बादशाह अकबर के दरबार में पहुँचे।

अकबर ने दोनों पड़ोसियों से बारी-बारी से विवाद का कारण पूछा।

एक पड़ोसी ने कहा–''जहाँपनाह! सात साल पहले मैंने यह आम का पौधा लगाया था और जाड़ा, गर्मी, बरसात–हर मौसम के अनुकूल इसकी हिफाजत की। अब जब यह पेड़ फल से लद गया है तब मेरा पड़ोसी इस आम के पेड़ पर अपना दावा जताने लगा है और पेड़ के आमों से मुझे वंचित करना चाहता है। जहाँपनाह! आप मुझे मेरे पेड़ पर हक दिलाकर मेरे ऊपर उपकार करें।''

दूसरे पड़ोसी ने भी बादशाह अकबर से हू-ब-हू वही बातें कहीं और उस आम के पेड़ पर अपना हक जताया।

अकबर असमंजस में पड़ गए कि आखिर इन दोनों पड़ोसियों के विवाद का हल वह कैसे कर दें। इतना तो तय था कि इन दोनों में से एक व्यक्ति झूठ बोल रहा था लेकिन झूठ बोलनेवाले का पता कैसे लगे, यह समस्या थी। हारकर अकबर ने बीरबल को बुलाया और इस समस्या का निपटारा करने का आदेश दे दिया।

बीरबल दोनों पड़ोसियों को लेकर अपने कक्ष में चला गया। वहाँ उसने एक पड़ोसी को अलग ले जाकर उससे आम का पेड़ लगाने और उसकी परवरिश करने के बारे में पूछा और फिर उसकी पीठ थपथपाकर उसे यह कहते हुए उसके घर भेज दिया—"तुम ठीक कहते हो! तुमने वह आम का पेड़ लगाने और उसे जिन्दा रखने में कड़ी मेहनत की है। आम का पेड़ तुम्हारा ही है। अब तुम घर जाओ। कल दोपहर में आ जाना। मैं इस मामले का न्याय कल ही कर दूँगा। अब तुम्हें परेशान होने की कोई आवश्यकता नहीं है।"

इसके बाद बीरबल ने दूसरे पड़ोसी को बुलाया और उससे भी आम के पेड़ को लगाने और उसकी सेवा-सुश्रूषा करने के बारे में बताने को कहा।

दूसरे पड़ोसी ने भी लगभग वही बातें सुना दीं जो पहले पड़ोसी ने कही थीं।

बीरबल ने दूसरे पड़ोसी की भी पीठ थपथपाई और वही बातें उससे कहीं जो उसने पहले पड़ोसी को कही थीं।

उन बातों को सुनकर दूसरा पड़ोसी सन्तुष्ट हो गया और उसे विश्वास हो गया कि बीरबल से उसे न्याय मिल जाएगा।

दोनों विवादी पड़ोसी जा चुके थे। बीरबल अपने कक्ष से निकला और अपने घर चला गया। उसने अपने विश्वासपात्र दो सेवकों को उन दोनों पड़ोसियों के घर में छुपकर यह जानने को कहा कि उनके घरों में क्या हो रहा है।

उनके जाने के बाद बीरबल ने एक अन्य सेवक को पहले पड़ोसी के घर भेजकर यह सन्देश देने के लिए कहा कि चार चोर उसके आम के पेड़ से आम तोड़ रहे हैं। यदि चोरों से आम बचाने हैं तो जाकर उनका सामना करे।

पहले पड़ोसी ने सेवक की बात सुनी और उसे वापस भेज दिया।

आम तोड़े जाने की खबर सुनकर जब पहला पड़ोसी अपने घर में वापस लौटा तो उससे उसकी पत्नी ने पूछा—"क्यों जी, कौन था? क्या कह रहा था?"

पहले पड़ोसी ने जवाब दिया—"पता नहीं कौन था। मैं नहीं पहचान

पाया उसे। कह रहा था कि चोर आम के पेड़ से आम तोड़ने आए हैं।...अब इतनी रात को कहाँ जाऊँ चोरों से आम बचाने? तोड़ते हैं तो तोड़ लें। आम नहीं, आम का पेड़ ही सही। मैं बहुत थक गया हूँ। अब इतनी रात को चोर-डाकू से मुकाबला करना मेरे वश की बात नहीं।''

घर में छुपा सेवक ने सारी बातें सुनीं और वहाँ से सीधे बीरबल के पास पहुँचकर सारी बातें उसे बता दीं।

इसके बाद बीरबल ने उस सेवक को दूसरे पड़ोसी घर भेजा।

दूसरे पड़ोसी ने जैसे ही सुना कि चोरों का दल उसके आम के पेड़ से आम तोड़ने के लिए जमा हुए हैं वैसे ही उसने लाठी उठा ली और फुर्ती से घर से बाहर यह कहते हुए निकला–''देखता हूँ, किसकी मजाल है कि मेरे होते हुए मेरे पेड़ से एक भी आम तोड़ ले!''

घर में छुपा सेवक उस आदमी की बात सुनकर वहाँ से सीधे बीरबल के पास पहुँचा और बीरबल से सारी घटना कह सुनाई।

बीरबल ने उस सेवक को वापस भेज दिया और स्वयं इन दोनों घटनाओं का निष्कर्ष निकालकर चैन की नींद सो गया।

बादशाह द्वारा सौंपी गई समस्या का निदान उसने सोच लिया था।

इधर दूसरे पड़ोसी ने जब आम के पेड़ के पास किसी को नहीं देखा तब यह सोचते हुए वापस लौट आया कि किसी ने उसके साथ मजाक किया है।

दूसरे दिन सुबह उठकर वह सीधे बीरबल के कक्ष के पास पहुँचकर बीरबल की प्रतीक्षा करने लगा।

जब बीरबल वहाँ पहुँचा तब उसने दूसरे पड़ोसी को अपने कक्ष के पास प्रतीक्षा करते हुए पाया। पहला पड़ोसी अब तक नहीं आया था।

दोपहर के समय पहला पड़ोसी पहुँचा और बीरबल को न्याय सुनाने के लिए निवेदन किया।

बीरबल, बिना देर किए, अपने कक्ष से बाहर निकला और सिपाहियों को उन दोनों पड़ोसियों को लेकर बादशाह के दरबार में हाजिर करने का निर्देश देकर स्वयं अकबर के दरबार में पहुँच गया।

उन दोनों पड़ोसियों को लेकर जब सिपाही वहाँ पहुँचे तब बीरबल ने अकबर से कहा–''जहाँपनाह! आपके आदेश के अनुसार मैंने आम के पेड़

के असली मालिक का पता लगा लिया है।" फिर उसने दूसरे पड़ोसी के कन्धे पर हाथ रखते हुए कहा–"जहाँपनाह! यह है आम के पेड़ का असली मालिक।"

इसके बाद उसने अकबर को सारी घटनाएँ सुना दीं जिनके बूते वह असली-नकली की पहचान कर पाया था।

अकबर ने पहले पड़ोसी को उसकी धूर्तता के चलते कारागार में डलवा दिया और दूसरे पड़ोसी को आम के पेड़ का असली हकदार करार दिया।

न्याय पाकर दूसरा पड़ोसी अकबर और बीरबल को दुआएँ देता हुआ अपने घर वापस लौट आया।

आपकी दृष्टि

“बैगन सिर्फ सब्जी नहीं है...आपने ठीक कहा है जहाँपनाह! बैगन में इतने गुण हैं कि इसे औषधि का दर्जा प्राप्त हो सकता है। सुखंडी रोग के पीड़ितों के लिए तो यह गुणकारी है ही, इसका इस्तेमाल करने से पाचन की समस्या सामने नहीं आती। अपने गुणों के कारण ही तो बैगन के सिर पर प्राकृतिक रूप से ताज है।” बीरबल बोल रहा था।

सामने अकबर बैठे थे। उन दोनों के बीच दस्तरखान बिछा था। भोजन परोसा जा चुका था और परोसे गए भोजन में बैगन का भर्ता भी शामिल था जिसे देखकर अकबर ने प्रसन्न होते हुए कहा था–“तबीयत खुश हो गई! बड़े दिनों के बाद आज बैगन का भर्ता भी परोसा गया है। मेरे लिए बैगन सिर्फ सब्जी नहीं है।”

इतना सुनते ही बीरबल हाँ में हाँ मिलाते हुए बैगन की शान में कशीदे पढ़ने लगा था।

इस घटना के कुछ दिन बाद फिर अकबर और बीरबल को साथ खाने का अवसर मिला। संयोग की बात है कि उस दिन भी भोजन में बैगन की भाजी परोसी गई थी। बैगन की भाजी अकबर को पसन्द नहीं थी। उस पर नजर पड़ते ही अकबर भन्ना गए और खानसामे को बुलाकर डाँटने लगे–“किसने कहा था तुम्हें बैगन की भाजी बनाने को? यह भी कोई खाने की चीज है!”

खानसामा डर से थर-थर काँपने लगा।

बीरबल ने स्थिति भाँपते हुए खानसामे से कहा–“अब खड़े-खड़े मुँह क्या देख रहे हो? उठाओ यह बैगन की भाजी! अब याद रखना, बैगन बादी होता है। इसे खाने से फोड़े-फुंसी की शिकायत होती है। खाज-खुजली बढ़ाना बैगन का गुण है।”

खानसामा बैगन की भाजी वहाँ से उठाकर ले गया मगर बादशाह अकबर चकित दृष्टि से बीरबल को देखे जा रहे थे।

बीरबल ने अकबर की ओर देखा, मानो कह रहा हो—जहाँपनाह! अब तो भोजन करना आरम्भ करें।

मगर अकबर ने खाना आरम्भ नहीं किया। उन्होंने बीरबल की आँखों में झाँकते हुए कहा—"बीरबल! तुम जबान के पक्के नहीं हो। अभी कुछ दिन पहले ही तो तुमने बैगन के औषधीय गुण गिनाए थे और आज मात्र बैगन खाने के प्रति मेरी अनिच्छा प्रकट होने पर तुम्हें वही औषधीय गुणोंवाला बैगन 'बादी' नजर आने लगा!"

बीरबल ने अकबर की बातें गम्भीरता से सुनीं, फिर कहा—"जहाँपनाह! मैं बैगन का नहीं, आपका सेवक हूँ और सेवक का धर्म है—मालिक की दृष्टि से चीजों को देखना सीखे। उस दिन बैगन का भर्ता आपकी पसन्द की चीज थी तब मैंने उसके स्वाद के साथ उसके सद्गुणों की ओर देखा और आज जब बैगन की भाजी परोसी गई तब उसके प्रति आपकी नापसन्दगी प्रकट हुई तब मैंने बैगन के अवगुणों की ओर देखा। दरअसल जहाँपनाह! उस दिन भी मैं आपकी दृष्टि से बैगन को देख रहा था और आज भी आपकी ही दृष्टि से बैगन को देखा।"

बीरबल का जवाब सुनकर अकबर सन्तुष्ट हो गए।

आधी धूप, आधी छाया का रहस्य

अकबर और बीरबल के बीच जब सम्बन्ध बहुत अनौपचारिक होने लगे तब उनके सम्बन्धों के निर्वाह के बीच कठिनाइयाँ भी आने लगीं। कई बार अकबर को बीरबल की व्यंग्योक्तियाँ दुखी कर जातीं और वे मन मसोसकर रह जाते। करते भी क्या! बीरबल का कोई विकल्प नहीं था।

बीरबल भी बादशाह से बातचीत करते समय सतर्क रहा करता था। लेकिन आदतन, सखा भाव में उसके मुँह से कुछ ऐसी बातें भी निकल जाती थीं जिससे बादशाह का मन दुखी हो जाता था। बीरबल ऐसे मौकों पर सचेत हो जाता था और मसखरी करके अकबर के मन पर पड़े दुष्प्रभावों को निष्प्रभावी बनाने का प्रयास करता था।

अकबर मान भी जाते थे। उन दोनों के बीच इस तरह रूठने-मनाने की घटनाएँ प्रायः घटती रहती थीं लेकिन इन बातों की चर्चा न अकबर किसी से करते और न बीरबल।

समय बीतता रहा। एक दिन किसी बात पर अकबर बिफर पड़े– "बीरबल! तुम अपनी औकात में रहो। भूलो मत कि तुम मेरे मुलाजिम हो!"

बीरबल ने बिना डरे जवाब दिया–"जहाँपनाह! आप नाहक नाराज हो रहे हैं। आपकी नाराजगी महज इस बात के लिए है कि मैं एक अदना मुलाजिम होते हुए भी आपके सामने ऐसी बातें करने लगता हूँ जो सच्ची होती हैं। आपको उन बातों पर खुश होना चाहिए लेकिन आप...आपको तो...लगता है, चापलूसी ही पसन्द है।"

बीरबल की यह टिप्पणी सुनकर अकबर आग-बबूला हो गए। बीरबल को तुरन्त राजधानी से बाहर जाकर किसी गाँव में बसने का फरमान जारी कर दिया।

बादशाह के आदेश का पालन करना बीरबल के कर्तव्यों की प्रथम प्राथमिकता थी। ऐसा हो नहीं सकता था कि बादशाह ने कोई आदेश दिया हो और बीरबल ने उस पर अमल नहीं किया हो। राजधानी से निकल जाने के हुक्म को भी बीरबल ने सिर-आँखों पर लिया और राजधानी से निकलकर एक गाँव में एक गरीब किसान की पनाह में रहने लगा।

किसान के पास न अपना खेत था, न बैलों की जोड़ी। बस, एक गाय थी। दूसरों के खेतों में काम करता और अपनी झोंपड़ी में लौटकर गाय की सेवा में लग जाता।

दो-चार दिन में ही बीरबल की समझ में आ गया कि यदि यह गाय दूध न दे तो इस किसान का भरण-पोषण भी कठिन हो जाए। किसान के घर में उसकी पत्नी और एक छोटा बच्चा था। बीरबल के आ जाने के बाद से किसान उसे भी अपने घर का सदस्य समझने लगा था। कुछ भी लाता तो उसे चार भागों में बाँटता और एक भाग उठाकर कहता–"अतिथि देवता–यह तुम्हारे लिए!"

बीरबल को उसकी यह आदत बहुत प्यारी लगती। राजधानी से निकाले जाने के बाद ग्राम्य जीवन से बीरबल इतना सन्तुष्ट था कि उसे कभी राजधानी की याद भी नहीं आती थी।

दूसरी तरफ बीरबल को राजधानी से बाहर हो जाने का हुक्म देकर अकबर उदास हो गए। उन्हें कचोट हो रही थी। उन्हें लग रहा था कि उनके निष्ठुर आदेश के कारण बीरबल परेशानियाँ झेल रहा होगा। राज-काज संचालन में जब कभी भी मुश्किलें आतीं तब अकबर को बीरबल की याद आ जाती और वह मन-ही-मन खीज उठते–'क्या जरूरत थी उसे राजधानी छोड़ने की? मैंने उसे जाने को कहा ही था। नहीं मानता मेरी बात तो क्या मैं उसे फाँसी दे देता?'

मगर सच्चाई यही थी कि उनके आदेश के कारण ही बीरबल राजधानी से बाहर चला गया। पता नहीं किस गाँव में होगा! अकबर ने बीरबल की तलाश में हरकारे लगाए मगर कोई लाभ नहीं मिला। खुफिया तंत्र का सहारा लिया मगर इसका भी कोई फायदा नहीं हुआ।

अन्ततः अकबर ने बीरबल को ढूँढ़ निकालने की एक तरकीब सोची।

उन्हें अपनी तरकीब पर पूरा भरोसा था कि इससे बीरबल का पता जरूर चल जाएगा।

अपनी तरकीब पर अमल करते हुए अकबर ने अपने राज्य के प्रत्येक गाँव में मुनादी करा दी कि जो भी व्यक्ति 'आधा धूप और आधी छाया' में छुपकर, बादशाह सलामत के पास पहुँचेगा, उसे एक हजार अशर्फियाँ इनाम में मिलेंगी।

बादशाही ऐलान के बारे में बीरबल ने भी सुना और मन-ही-मन मुस्कुराया। वह समझ गया कि बादशाह बीरबल की तलाश में बेचैन होकर यह अजीबो-गरीब मुनादी करवा रहे हैं। बादशाह से बीरबल को तो कोई शिकायत थी ही नहीं इसलिए उसने राजधानी लौटने का मन बना लिया। लेकिन बीरबल ने तय किया कि राजधानी लौटने से पहले वह अपने आश्रयदाता किसान को यह एक हजार अशर्फियों का पुरस्कार अवश्य दिलाएगा ताकि उसकी गरीबी दूर हो और यह मेहमाननवाज किसान अपनी पत्नी और बच्चे की अच्छी तरह परवरिश कर सके।

ऐसा सोचकर बीरबल ने खुद अपने हाथों से एक खाट तैयार की। खाट तैयार करने के बाद उसने किसान को समझाया–"इस खाट को अपने सिर पर रखकर तुम बादशाह के महल के सामने जाओ और बादशाह से मिलने की इच्छा वहाँ खड़े पहरेदारों से जताओ। बादशाह से मिलने का अवसर जब मिल जाए तब इस खाट को अपने सिर पर रखे हुए ही उनसे मिलो।" इतना कहकर बीरबल ने किसान की तरफ देखा–शायद यह जानने के लिए कि उसे उसकी बात समझ में भी आ रही है या नहीं! जब किसान के चेहरे को देखकर बीरबल आश्वस्त हुआ कि वह उसकी बात तन्मय होकर सुन रहा है तब उसने फिर कहना शुरू किया–"बादशाह के सामने जाकर तुम उनसे कहना–जहाँपनाह, मैं आधी धूप-आधी छाया ओढ़कर आपके सामने उपस्थित हुआ हूँ इसलिए अब मैं एक हजार अशर्फियों के इनाम का हकदार हूँ। मुझे आप इनाम दिलवा दें ताकि मेरी गरीबी दूर हो सके।"

बीरबल ने किसान को अच्छी तरह समझाकर बादशाह अकबर के पास भेज दिया।

जब वह किसान अकबर के पास पहुँचा तब उसने वैसा ही किया जैसा कि बीरबल ने उसे सिखाया था।

किसान की बातें सुनकर अकबर ने उससे ऐसी तरकीब सिखानेवाले के बारे में पूछा तब किसान ने उसे सारी बातें बता दीं।

अकबर समझ गए कि किसान का अतिथि और कोई नहीं, बीरबल ही है। अकबर ने किसान को इनाम की राशि दिलवाई और स्वयं उसके साथ घोड़े पर सवार होकर गए और बीरबल को ससम्मान वापस ले आए।

ईश्वर का न्याय

बीरबल से एक दिन अकबर ने पूछा–“बीरबल! इस संसार में इतनी विविधता क्यों है? ऐसा क्यों है कि कोई गरीब है तो कोई अमीर? किसी के पास इतना वैभव है कि उसकी सात पुश्तें भी उसे खर्च नहीं कर सकें और किसी को दो जून रोटी के भी लाले पड़े हैं?”

बीरबल ने कहा–“जहाँपनाह! यह तो परमपिता का न्याय ही जाने! मैं तो बस इतना मानता हूँ कि जिसका जितना दाय है, ईश्वर उसे उतना अवश्य देता है।”

अकबर ने कहा–“ईश्वर को बीच में न लाओ बीरबल! ईश्वर तो सबका पिता है। उसे परमपिता कहते हैं। भला कोई पिता ऐसा हो सकता है जो अपने एक पुत्र के लिए एक और दूसरे पुत्र के लिए दूसरी व्यवस्था करे? पिता की नजर में तो सभी बच्चे एक जैसे ही होंगे न!”

बीरबल उस दिन चुप रह गया। दूसरे दिन बीरबल शाम को अकबर के साथ छत पर टहल रहा था। उसने अकबर से पूछा–“जहाँपनाह! गुस्ताखी माफ हो। बादशाह होने के नाते आपकी नजर में आपकी तमाम प्रजा एक जैसी है। है न?”

“इसमें क्या शक है?” अकबर ने कहा।

“आपकी सल्तनत में सभी के लिए एक जैसा कानून है। है न?” बीरबल ने पूछा।

“हाँ, है, लेकिन तुम यह सब क्यों पूछ रहे हो?” अकबर ने पूछा।

“फिर आपकी सल्तनत में अलग-अलग काम करनेवाले मुलाजिमों के लिए अलग-अलग वेतन क्यों है? सबकी सेवा तो राज्य ही लेता है, सबको

समान रूप से अपने काम में अपना समय लगाना पड़ता है। फिर समान समय के लिए समान वेतन क्यों नहीं?"

"अरे बीरबल! काम के महत्त्व पर वेतन निर्धारित होता है, समय के आधार पर नहीं, इतना भी नहीं समझते?" अकबर ने कहा।

बीरबल ने कहना शुरू किया–"ईश्वर ने भी सूरज की रोशनी, साँस लेने के लिए हवा, पीने के लिए पानी सबको समान रूप से प्रदान किए हैं, जैसे आप के राज्य में सबके लिए समान कानून और समान सार्वजनिक सुविधाएँ हैं। फिर ईश्वर सबको समान रूप से कार्य करने की सामर्थ्य भी देता है। अब व्यक्ति जितनी निष्ठा और लगन से काम करता है, उसे उतना ही उसके श्रम का फल भी प्राप्त होता है। मुझे विश्वास है कि अब आप अवश्य समझ गए होंगे कि परमपिता परमात्मा इस संसार में रहनेवालों को अलग-अलग फल क्यों देता है।" बीरबल ने कहा।

अकबर को बीरबल की बात पसन्द आई और उन्होंने बीरबल की पीठ थपथपाते हुए उसकी सराहना की।

...और अकबर झेंप गए

अकबर को आम खाना पसन्द था। उन्होंने जगह-जगह पर बेहतरीन आमों के बाग लगवाए थे। आम के मौसम में प्रायः दोपहर को अकबर अपनी किसी बेगम के साथ बैठकर स्वादिष्ट और सुगन्धवाले आमों का रसास्वादन करते थे।

एक बार अकबर और बीरबल घोड़े से निकटवर्ती राज्य का दौरा करके लौट रहे थे। रास्ते में उन्हें आम का एक ऐसा बाग मिला जिसमें आम पककर तैयार हो चुके थे। इन आमों से जी को ललचा देनेवाली खुशबू उठ रही थी। आम देखकर अकबर के मुँह में पानी आ गया। उन्होंने बीरबल से कहा–"बीरबल! इस आम के बाग में ही थोड़ी देर रुककर हम विश्राम करें और इन आमों का स्वाद लें तो कैसा रहे?"

बीरबल ने आसमान की तरफ सिर उठाकर देखा, सूरज की सीधी किरणों से आँखें तिलमिला रही थीं। शाम तक राजमहल पहुँच जाना था। ऐसे में आम की बगिया में रुकने और वहाँ रुककर आम खाने का सीधा अर्थ था कि पूरा दिन जाया हो जाता। एक ओर बादशाह की इच्छा और दूसरी तरफ समय पर राजभवन पहुँचने का दायित्व–बीरबल धर्मसंकट में पड़ गया।

अकबर ने बच्चों की तरह मचलते हुए बीरबल से कहा–"बीरबल! यहीं किसी आम के पेड़ के नीचे घोड़े बाँध देते हैं और आम खाते हैं।"

मगर बीरबल इसके लिए तैयार नहीं हुआ। उसने संजीदगी से कहा–"जहाँपनाह! हमें शाम से पहले राजभवन पहुँचना है। बेहतर यह होगा कि हम लोग इस बाग के माली से आम खरीद लें और उसे लेकर महल चलें। वहाँ आप बेगमों के साथ इस आम का लुत्फ उठा सकेंगे। मुझे भी लग रहा

है कि आम कुछ खास हैं। इस तरह के सुगन्धवाले आम का स्वाद मैंने भी कभी नहीं लिया है।"

अकबर बीरबल की बात से सहमत हो गए। उस बाग के माली से उन्होंने आम लिये और घोड़े पर लादकर अपने महल पहुँच गए।

अकबर ने बीरबल को महल में रोक लिया और कहा–"बीरबल! चलो, तुम भी आम चख लो, फिर जाना।"

बादशाह का आमंत्रण हो तो कोई दरबारी उसे कैसे टाल सकेगा! अकबर के साथ बीरबल भी महल में गया। वहाँ अकबर के कक्ष में ही आम खाने की व्यवस्था हुई। अकबर, बेगम और बीरबल तीनों आम खाने बैठ गए। आम चूसने के दौरान अकबर कुछ चुहलबाजी भी कर रहे थे।

बेगम आम चूसतीं तो उसकी गुठलियाँ और छिलकों को अपने सामने रख लेतीं। बादशाह आम चूसते तो अपनी गुठलियाँ भी बेगम के सामने रखी गुठलियों में आहिस्ते से मिला देते। फिर एक-दो गुठलियाँ अपने सामने भी रख लेते। आम से तीनों का पेट भर चुका था।

बादशाह के आगे चार-पाँच आम के छिलके और गुठलियाँ पड़ी थीं। बेगम के सामने छिलकों और गुठलियों का ढेर था जिन्हें दिखाते हुए अकबर ने बीरबल से कहा–"देखो बीरबल! इन गुठलियों के ढेर को देखो। यह ढेर ही बता देता है कि हमारी बेगम साहिबा कितनी खाऊ हैं!"

बादशाह की बात सुनकर बेगम शर्म से पानी-पानी हो रही थीं लेकिन अकबर उन्हें छेड़ रहे थे–"ठीक है बेगम साहिबा! आम बहुत मीठे और सुस्वादु थे, इसका मतलब तो यह नहीं कि आप आम पर टूट ही पड़ें!"

बादशाह की बातें सुनकर लज्जा से बेगम का मुँह लाल हो चुका था। बीरबल की मौजूदगी में हो रही छेड़छाड़ से वे सकुचाकर रह गई थीं।

बीरबल ने बेगम के मनोभावों को ताड़ लिया और अकबर से कहा–"जहाँपनाह! ठीक कहा आपने, गुठलियाँ देखकर कोई भी बेगम साहिबा को खाऊ कह देगा मगर आपके सामने से तो गुठलियाँ भी नदारद हैं! आप कैसे खाऊ हैं कि गुठलियाँ तक चट कर गए?"

बीरबल की बातें सुनकर बेगम खिलखिला पड़ीं और अकबर झेंप गए।

अन्दाज-ए-बयां

अकबर अपने वार्धक्य के समय शकुन-अपशकुन, स्वप्न मीमांसा आदि अनेक बातों पर विश्वास करने लगे थे। एक बार उन्होंने एक विचित्र स्वप्न देखा। उन्होंने देखा कि उनके दाँत बारी-बारी से मुँह के बाहर आ रहे हैं और लुप्त होते जा रहे हैं। अन्त में उनके मुँह में जब बत्तीस के स्थान पर कुल एक दाँत बचा तब वे घबरा गए। इसी घबराहट में अचानक उनकी नींद खुल गई।

नींद खुल जाने पर अकबर अपने स्वप्न को याद कर बेचैन हो गए और उन्होंने अपने स्वप्न का रहस्य जानने के लिए एक प्रसिद्ध 'स्वप्न विश्लेषक' को बुलवाया।

स्वप्न विश्लेषक के आने पर अकबर ने उसे अपना स्वप्न सुनाया और उस स्वप्न की मीमांसा करने को कहा।

उस स्वप्न विश्लेषक ने बिना किसी लाग-लपेट के कहा–"जहाँपनाह! आपके स्वप्न का अर्थ यही है कि आपके सामने ही आपके परिवार के सारे सदस्य एक-एक करके दम तोड़ देंगे और आपकी हालत ऐसी हो जाएगी कि उन्हें याद करके आप विह्वल हो जाया करेंगे।"

अकबर ने जब विश्लेषक की दो-टूक बात सुनी तो बहुत नाराज हुए और तुरन्त प्रहरियों को बुलवाकर उसे कारागार में डाल दिया। लेकिन अकबर की बेचैनी बनी हुई थी। बहुत सोच-विचारकर अकबर ने बीरबल को बुलाने के लिए प्रहरी को भेजा।

इस प्रहरी ने अकबर के पास स्वप्न विश्लेषक को आते देखा था और बाद में उसे कारागार भेजे जाते भी देखा था। बीरबल उस प्रहरी के साथ ही अपने घर से निकला और बादशाह के महल की ओर चल पड़ा।

रास्ते में प्रहरी ने थोड़ी देर पहले स्वप्न विश्लेषक को बुलाए जाने और फिर उसे कारागार में डाल दिए जाने की घटना सुना दी।

प्रहरी की बातें सुनकर बीरबल मन-ही-मन कुछ विचार करने लगा।

अकबर के कक्ष में पहुँचकर बीरबल ने झुककर बादशाह का अभिवादन किया। अकबर सचमुच उस वक्त बहुत बेचैन लग रहे थे। बीरबल ने अपने जीवन में पहली बार अकबर को इतना परेशान देखा था। अकबर ने बीरबल को बैठ जाने का संकेत किया। बीरबल जब बैठ गया तब अकबर ने उसे अपना स्वप्न सुनाया।

स्वप्न की चर्चा सुनकर बीरबल सतर्क हो गया। उसकी समझ में आ गया कि स्वप्न विश्लेषक ने बादशाह के स्वप्न का किस तरह विश्लेषण किया होगा जिससे नाराज होकर बादशाह ने उसे कारागार में डलवा दिया। उसने मुस्कुराते हुए कहा–"जहाँपनाह! मुँह मीठा कराएँ तो स्वप्न का अर्थ बताऊँ!" फिर उसने कहा–"जहाँपनाह! इस स्वप्न का अर्थ है कि आपकी हयात बढ़ गई है और आप अपने परिवार में सबसे लम्बी उम्र का मजा ले पाएँगे।"

बीरबल की बात सुनकर अकबर बहुत खुश हुए और अपने गले से मोतियों की माला निकालकर उसके गले में डाल दी और उसे अपने गले से लगा लिया।

उस दिन अकबर ने बीरबल को विदा करने से पहले मिठाइयाँ भी खूब खिलाईं।

एक माह की चाँदनी रातें

हालाँकि अकबर अपने समय के महान शासक थे लेकिन उनमें भी मानवीय कमजोरियाँ थीं। अकबर भी कभी-कभी ऐसे कदम उठाते थे जो बाद में बचकाने और हास्यास्पद प्रमाणित होते थे।

एक बार की बात है। अकबर की साम्राज्य-विस्तार की नीति के चलते राज्य-संचालन के खर्च में अचानक बेतहाशा वृद्धि हुई। जब राज्य-संचालन के खर्चों के बारे में बादशाह अकबर तक खबर पहुँची तो उन्हें खर्चों की चिन्ता हुई। उन्होंने खजांची से खर्चों का ब्यौरा लिया। ब्यौरे में ऐसा कुछ नहीं था जिसे व्यर्थ का खर्च या अनावश्यक खर्च कहा जा सके। इसके कारण अकबर की चिन्ता बहुत बढ़ गई। खर्च पर नियन्त्रण के लिए उन्होंने कई कदम उठाए जिससे राज्य की वित्त-व्यवस्था से लेकर अन्य विभागों के काम-काज पर असर पड़ा।

कर्मचारी परेशान हो गए। मगर किसी की हिम्मत नहीं हुई कि अकबर से जाकर कहे–वित्त-सुधार के लिए उठाए गए कदमों से राज्य के काम-काज का संचालन प्रभावित हो रहा है...खर्च में कटौती करने से आवश्यक कार्य भी समय पर पूरे नहीं हो पाते इसलिए उन्हें खर्च पर अंकुश लगाने के स्थान पर ऐसे उपाय करने चाहिए जिससे राजस्व वसूली में वृद्धि हो।

महीने-दो महीने में राज्य की बदली हुई वित्त-व्यवस्था से उत्पन्न स्थिति का ज्ञान बीरबल को भी हो गया। बीरबल ने मन-ही-मन तय कर लिया कि चाहे जो हो जाए, वह बादशाह को वित्तीय सुधार के लिए उठाए गए कदमों पर पुनर्विचार करने के लिए अवश्य कहेगा।

एक शाम बादशाह अकबर अपने महल की छत पर बीरबल के साथ टहल रहे थे। बादशाह के मन में इस वक्त भी राज्य के बढ़ते खर्चों को

कम करने का गुन-धुन लगा हुआ था। अचानक उनके मन में विचार आया कि यदि दो माह यानी साठ दिन का एक महीना मुकर्रर कर दिया जाए तो राज्य कर्मचारियों पर जो खर्च होता है उसमें से आधा बच जाएगा। अपनी इस बहक में अकबर यह भी सोच गए कि एक दिन के काम पर अभी जो व्यय होता है उसी व्यय में दो दिन का काम हो जाया करेगा। उन्हें अपना विचार बिलकुल दुरुस्त लगा। उन्होंने बीरबल से कहा–"बीरबल! क्यों न हम अपने साम्राज्य के बाशिन्दों के लिए एक नया कैलेंडर बनवाएँ जिसमें साठ दिन का एक माह हो? ऐसा होने से हमारी सल्तनत का बहुत भला होगा। खर्चे भी बचेंगे और काम-काज की प्रगति भी होगी।"

चूँकि बीरबल को इस बात की जानकारी थी कि अकबर इन दिनों राज्य के खर्चों पर अंकुश लगाने के लिए उतावले हैं इसलिए अकबर की बात पर उसे कोई आश्चर्य नहीं हुआ। उसने सहज भाव से कहा–"अवश्य जहाँपनाह! यदि ऐसा हो सके तो एक दिन में दो दिनों का काम भी हो जाएगा–है न?"

अकबर ने खुश होते हुए कहा–"हाँ; तुम ठीक समझे।"

बीरबल ने पुनः उसी भाव में कहा–"और जहाँपनाह!...तब सूर्योदय भी चौबीस की बजाय अड़तालीस घंटों पर हुआ करेगा और चाँदनी रातें पन्द्रह दिनों की बजाय एक माह की हुआ करेंगी।"

बीरबल की व्यंग्योक्ति से अकबर को समझ में आ गया कि उनका सोचना गलत है। इसके बाद उन्होंने खर्च पर नियन्त्रण के लिए उठाए गए उन कदमों को वापस ले लिया जिनसे कर्मचारियों में असन्तोष पैदा हो रहा था।

राजस्व वसूली तेज करने से राज्य की वित्त-व्यवस्था पुनः ठीक हो गई।

किस्सा बादशाही जूतों का

अकबर और बीरबल के बीच सम्बन्ध इतने प्रगाढ़ हो चुके थे कि उनके बीच चलनेवाला हँसी-मजाक अपनी हदें तोड़ने लगा था। उनके बीच कभी-कभी ऐसे बेलौस संवाद होते थे कि लोगों को लगता था कि अब बीरबल की खैर नहीं। अब अकबर उसे सजा देंगे ही मगर हर बार बीरबल की बात सुनकर अकबर मुस्कुराकर रह जाते थे।

एक बार बीरबल दरबार में किसी काम में लगा था। उसके जूते उसके आसन के पास थे। अकबर ने बिना जूतों के बीरबल को काम में मशगूल देखा तो कुछ सोचकर मन-ही-मन मुस्कुराए और एक सेवक को बुलाकर बीरबल के जूते छुपा देने को कहा। सेवक उन जूतों को छुपा आया। थोड़ी देर के बाद अकबर ने एक ऐसा काम बीरबल को बताया जिसके लिए बीरबल को दरबार से बाहर निकलना पड़ता।

दरबार से बाहर जाने के लिए उद्यत बीरबल अपने आसन के पास मँडराने लगा—कभी इधर, कभी उधर! कभी झुककर आसन के नीचे देखता तो कभी दाएँ-बाएँ।

उसे ऐसा करते देखकर अकबर समझ गए कि बीरबल अपने जूतों की तलाश में है। बीरबल को छेड़ने के खयाल से अकबर ने कहा—"क्यों बीरबल, तुम अभी तक यहीं हो? गए नहीं?"

बीरबल ने अकबर से अपनी परेशानी बताई—"जहाँपनाह! मेरे जूते नहीं मिल रहे हैं।"

"और बगैर जूते तुम जाओगे नहीं।" इतना कहकर अकबर ने ताली बजाई। सेवक हाजिर हुआ। अकबर ने सेवक से कहा—"बीरबल को हमारी तरफ से दो जूते दो।"

बीरबल ने अकबर के द्विअर्थी संवाद को सुना और समझा। उसके लिए जूतों का नया जोड़ा आ गया और जब वह जूते पहनकर जाने लगा तब औपचारिकतावश अकबर से कहा–"जहाँपनाह! अल्लाह आपको इन दो जूतों के एवज में हजारों जूतों से नवाजे!"

बीरबल के इस द्विअर्थी संवाद से अकबर बहुत प्रभावित हुए और बीरबल की हाजिरजवाबी पर मन-ही-मन प्रसन्न हुए।

जूतों वाली यह घटना बीरबल के दिमाग में ठहर सी गई। उसे विश्वास हो गया था कि उसके जूते दरबार से गायब कराने के पीछे जरूर अकबर का हाथ है। उसने मन-ही-मन अकबर के जूते गायब कर, इस मसखरी की सजा देने का इरादा कर लिया।

कुछ दिन ही बीते थे कि बादशाह ने राजधानी से दूर एक गाँव में बनवाए गए तफरीहगाह में चलकर रहने और वहाँ पर छुट्टियाँ बिताने का इरादा कर लिया। अपने साथ वे बीरबल और कुछ अन्य भरोसेमन्द दरबारियों को ले जा रहे थे। इन दरबारियों में एक दरबारी फैजी भी था जो बीरबल को मौके-बे-मौके नीचा दिखाने का प्रयत्न करता रहता था।

अकबर तफरीहगाह में ठहरे। सभी दरबारियों को उन्होंने मनमर्जी से घूमने और मस्ती करने की छूट दे दी।

अवसर देखकर बीरबल ने अकबर के जूते उठाए और फैजी के कपड़ों के बक्से में उन जूतों को छुपा दिया।

दरबारी अपने-अपने ढंग से व्यस्त थे। बादशाह विश्रामकक्ष में चले गए थे। बीरबल तफरीहगाह के सामने बगीचे में टहल रहा था जिसमें आकर्षक फव्वारे चल रहे थे।

इतने में फैजी घबराया हुआ आया और बीरबल से बोला–"बादशाह का हुक्म है, जितनी जल्दी हो सके, सभी तैयार हो जाएँ! बादशाह अभी घूमने के लिए निकलेंगे। हम लोगों को उनके साथ रहना है।"

बीरबल फैजी के साथ अपने कमरे में चला गया। तफरीहगाह में एक अजीब हलचल थी। सारे सेवक बादशाह के जूतों की तलाश में व्यस्त थे। उन्हें देखकर बीरबल मन-ही-मन मुस्कुराया और बाहर निकलकर अपने घोड़े को सहलाने लगा।

थोड़ी ही देर में फैजी बाहर आया और बीरबल से कहा–"बड़े लोग भी

कितने गजब होते हैं। हमें तैयार करवा दिया और स्वयं विश्रामकक्ष में हैं।''

बीरबल ने फैजी से कहा–''बादशाह जूतों के मारे विश्रामकक्ष में हैं।''

थोड़ी देर में ही बादशाह के जूतों की तलाश बाहर होने लगी तब बीरबल ने सेवकों से कहा–''जाओ, जाकर सबके कपड़ों की, बक्सों की तलाशी लो। वहीं कहीं होंगे जूते। बादशाह बाहर गए नहीं तो उनके जूते बाहर कहाँ मिलेंगे?''

थोड़ी ही देर में बादशाह बाहर निकले। उनके पाँव में जूते थे। बीरबल ने पूछ लिया–''जहाँपनाह! सुना, हुजूर के जूते खो गए थे?''

''हाँ, पता नहीं ये जूते कैसे गायब हो गए! जूते फैजी के कपड़ों से मिले।'' अकबर ने कहा।

फैजी वहीं था। बादशाह के मुँह से निकली बात सुनकर वह बेहद शर्मिन्दा हुआ।

थोड़ी देर के बाद उसे मौका मिला तो आदतन उसने अकबर के कान भरे–''जहाँपनाह! बीरबल अपनी औकात भूलकर बोलने लगा है। आपकी भी परवाह नहीं है उसे। कह रहा था–बादशाह जूतों के मारे खड़े हैं। यह भी कोई बोलने की तमीज है?''

अकबर ने जब ये बातें सुनीं तब वह क्रोधित हो गए और वहीं पर अपने काफिले को रोककर बीरबल को बुलवाया। बीरबल के पास आने पर अकबर ने उससे कहा–''बीरबल! तुमने कहा कि बादशाह जूतों के मारे खड़े हैं?''

बीरबल समझ गया कि फैजी ने बादशाह के कान भरे हैं। उसने तत्काल कहा–''जहाँपनाह! जरूर यह बात आपसे फैजी ने कही है। उसके कपड़ों से आपके जूते निकले हैं। इस बात से वह शर्मिन्दा है और इस बात से आपका ध्यान हटाने के लिए उसने आपसे कुछ कहा है। खैर! अब आप पूरा वाकया जान लें। फैजी ने मुझसे पूछा था कि बादशाह अपने विश्रामकक्ष में क्यों खड़े हैं? बाहर क्यों नहीं आते? हमें तो तैयार करवा लिया...? तब मैंने कहा था–बादशह जूतों के मारे खड़े हैं। उस समय आपके जूते नहीं मिल रहे थे इसलिए मैंने यह बात कही थी।''

अकबर झेंप गए। फिर उन्होंने फैजी को बुलाकर डाँट पिलाई और पूछा कि उनके जूते उसके कपड़ों में कैसे गए?

उस वक्त फैजी का चेहरा पूरी तरह उतर गया था और बीरबल पास ही खड़ा मुस्कुरा रहा था।

कंजूस की सन्दूकची

अकबर के जमाने में दिल्ली में एक ऐसा परिश्रमी व्यक्ति रहता था जो रूखी-सूखी खाकर अपने परिश्रम की कमाई का नब्बे प्रतिशत बचा लेता था। लोग उसे कंजूस या मक्खीचूस के नाम से जानते थे। साल भर की बचत से वह कोई बेशकीमती हीरे-जवाहरात खरीदता था। उसकी झोंपड़ी में एक सन्दूकची थी—बहुत ही खूबसूरत सन्दूकची। इसी सन्दूकची में वह हीरे- जवाहरात जमा करता था। झोंपड़ी में रहना, रूखी रोटी से पेट भरना और दिन-रात मेहनत करके पैसे कमाना—यही था उसका जीवन।

वह कंजूस लकड़ियों पर नक्काशी का काम करता था। बादशाह के घर की सन्दूक, महल की सीढ़ियों के पाये, महल के गुम्बद आदि उसने ही बनाए थे। उसकी नक्काशी से ये सभी भारतीय कला के अद्वितीय नमूने माने जाने लगे थे। समय बीतते-बीतते कंजूस की सन्दूकची हीरे-जवाहरात से भर गई थी। जाड़े का मौसम था। कड़ाके की ठंड पड़ रही थी। कंजूस एक बोरसी में थोड़ी आग जला लिया करता था और रात को उसे झोंपड़ी में एक किनारे रखकर सो जाया करता था। एक रात न जाने कैसे बोरसी की आग से झोंपड़ी में आग लग गई। झोंपड़ी धू-धूकर जलने लगी। कंजूस कच्ची नींद से जागा और भागकर झोंपड़ी से बाहर आया और बिलख-बिलखकर रोने लगा।

झोंपड़ी में आग लगने से आस-पास के लोग जुट गए और आग बुझाने की कोशिश में लग गए। झोंपड़ी की आग इतनी भड़क चुकी थी कि उस पर काबू पाना लोगों के लिए मुश्किल हो रहा था।

इधर कंजूस का विलाप और तेज हो रहा था। उसे इस तरह बिलखता देखकर कंजूस का एक पड़ोसी आया और उसे सान्त्वना देने लगा कि इस

दस-पाँच रुपए की झोंपड़ी के जलने से कोई ऐसा नुकसान तो होनेवाला नहीं है जिसके लिए वह इतना विलाप कर रहा है। उसने उसे समझाया कि वह चुप हो जाए। सारे पड़ोसी मिलकर उसके लिए एक झोंपड़ी कल ही तैयार कर देंगे।

कंजूस ने बिलखते हुए बताया कि वह उस झोंपड़ी के लिए नहीं रो रहा है बल्कि अपने जीवन भर की कमाई के लिए रो रहा है जो हीरे-जवाहरातों की शक्ल में उस झोंपड़ी में एक सन्दूकची में बन्द है।

उसकी बात सुनकर उसका वह पड़ोसी बोला–"यदि वह उस सन्दूकची को निकालकर ला दे तो कंजूस उसे क्या देगा?"

कंजूस ने बिना कुछ सोचे कहा–''जो कहोगे भाई, वह दे दूँगा।''

उसके पड़ोसी ने कहा–''मैं मनचाहा तुम्हें दे दूँगा और शेष अपने पास रख लूँगा। बोलो, मंजूर हो तो मैं आग में घुसने का जोखिम उठाऊँ।''

कंजूस की हालत 'मरता क्या न करता' वाली थी। उसने तुरन्त अपनी सहमति दे दी।

उसके पड़ोसी ने उससे पूछा–"उसकी सन्दकूची कहाँ पर रखी है?"

"खाट के नीचे।" कंजूस ने कहा।

झोंपड़ी बहुत छोटी थी। उसमें खाट तलाशना मुश्किल काम नहीं था। देखते ही देखते पड़ोसी ने खुद को एक कम्बल में लपेट लिया और आग बेधकर झोंपड़ी में प्रवेश कर गया और शीघ्र ही सन्दूकची लेकर बाहर आ गया।

अपनी सन्दूकची देखकर कंजूस की जान में जान आ गई। उसने रोना बन्द कर दिया।

पड़ोसी की नजर सन्दूकची पर पड़ी। इतनी सुन्दर सन्दूकची उसने अपने जीवन में नहीं देखी थी। उसने कंजूस से सन्दूकची की चाबी ली और ताला खोलकर उसमें रखे हीरे-जवाहरात को देखा तो आश्चर्य से उसकी आँखें फैल गईं। उसने सोचा–इतने सारे बेशकीमती हीरे-जवाहरात तो किसी राजा के खजाने में भी नहीं होंगे। हीरे-जवाहरात देखकर पड़ोसी लोभ में पड़ गया और सारे हीरे-जवाहरात अपने पास रखकर वह कंजूस को खाली सन्दूकची वापस करने लगा तो कंजूस बिगड़कर बोला–''यह ठीक है कि सन्दूकची लाने में तुमने अपनी जान की परवाह नहीं की। तुम चाहो तो आधे जवाहरात ले लो लेकिन ऐसा अन्याय नहीं करो।''

मगर पड़ोसी माना नहीं। दोनों में झगड़ा होने लगा। बात इतनी बढ़ गई कि मामला बादशाह के पास पहुँच गया।

अकबर ने अपने दरबार में दोनों की दलीलें सुनीं फिर मामला सुलझाने की जिम्मेदारी बीरबल को सौंपकर दूसरे कार्यों में लग गए।

बीरबल ने पहले कंजूस की व्यथा-कथा सुनी। बीरबल को कंजूस ने सारी बातें सच-सच बता दीं।

फिर बीरबल ने कंजूस के पड़ोसी से पूछा—"वह क्यों विवाद कर रहा है?"

उस पड़ोसी ने कहा—"शर्त के मुताबिक मैं मनचाहा उसे दे रहा हूँ और शेष अपने पास रख रहा हूँ तो वह मानता ही नहीं।"

बीरबल ने तुरन्त कहा—"तुम्हारा मनचाहा क्या है और क्यों है?"

पड़ोसी बोला—"मेरा मनचाहा वह सन्दूकची है जो अति सुन्दर है और कला का बेहतरीन नमूना है।"

बीरबल ने पड़ोसी से कहा—"ठीक है, अब मनचाहा तुम रख लो और शेष उसे दे दो।...अच्छे पड़ोसी आपस में नहीं लड़ते हैं।...और इस तरह लड़नेवालों के लिए दंड भी तो है।"

बीरबल की बात काटने की पड़ोसी की हिम्मत नहीं हुई क्योंकि बीरबल ने उसे चेता भी दिया था कि उसकी बात काटने का मतलब दंड का भागी बनना है। बीरबल के सामने ही कंजूस को सारे हीरे-जवाहरात उसके पड़ोसी ने दे दिए और खुद सन्दूकची लेकर चला गया।

जब कंजूस बीरबल का आभार जताकर जाने लगा तब बीरबल ने उससे कहा—"सुनो! घर जाकर इसी तरह की दो सन्दूकची बनाओ। एक में अपने हीरे-जवाहरात रख लेना और दूसरी मेरे पास छोड़ जाना।"

कंजूस खुशी-खुशी वहाँ से लौट आया और अपनी झोंपड़ी दुरुस्त करने में लग गया।

चोर की दाढ़ी में तिनका

अकबर के महल में खुशी का माहौल था। शहनाइयाँ बज रही थीं। कनीजों में खैरात बाँटी जा रही थी। अकबर की सबसे प्यारी बेगम को बेटा हुआ था। बधाइयाँ गाई जा रही थीं।

इस खुशी के मौके पर अकबर ने अपनी प्यारी बेगम को खुश करने के खयाल से उसके तमाम रिश्तेदारों को दावत दी थी। बेगम के सभी रिश्तेदार प्यारी बेगम के महल में टिके थे। महिलाओं और बच्चों के लिए जनानखाने में रहने की व्यवस्था की गई थी तो वहीं सभी मर्दों के रहने का इन्तजाम बादशाह अकबर के शयनागार के साथ बनाई गई अतिथिशाला में किया गया था। अकबर अपने इन रिश्तेदारों की जरूरतों का खयाल खुद रख रहे थे।

एक दिन अकबर सुबह जल्दी जग गए। उस दिन उन्होंने मेहमानों के लिए सुरक्षित स्नानागार में ही स्नान किया। संयोग की बात थी कि अकबर ने एक खूबसूरत अँगूठी बनवाई थी जिसमें नायाब हीरे जड़े हुए थे। स्नान करते समय अकबर ने वह अँगूठी उतारकर हमाम के ताखे पर रख दी और स्नान करके स्नानागार से बाहर निकल आए। अँगूठी की बात अकबर के दिमाग से ही निकल गई।

दोपहर के खाने का वक्त हो चला था। शाही दस्तरखान बिछाया जा चुका था। बेगम के परिजनों के साथ बादशाह अकबर पूरे शान-ओ-शौकत के साथ दस्तरखान पर बैठे। खाना परोसा जाने लगा। नायाब पकवानों की ललचा देनेवाली खुशबू फिजा में तैर गई। एक के बाद एक शाही पकवानों की झड़ी सी लग गई। बेगम के रिश्तेदारों ने जी भरकर खाना खाया। फिर पान की तश्तरियाँ बढ़ीं–इस गुजारिश के साथ–"नौश फरमाइए!"

बेगम के रिश्तेदारों की खातिरदारी में कोई कमी न रहे, इस बात का खास खयाल अकबर रख रहे थे। रिश्तेदारों के साथ अकबर ने भी जाफरानी खुशबू से लबरेज, चाँदी के बरक से सजे पान की एक गिलौरी उठाई और अपने मुँह में रखी। पान मुँह में ले जाते समय अकबर की नजर अपनी उँगली पर गई और वे चौंक पड़े—मन में धमाका सा हुआ—'अरे! मेरी अँगूठी कहाँ गई?'

अँगूठी गायब होने से अकबर को बड़ी बेचैनी होने लगी। तभी उन्हें याद आया कि अँगूठी तो स्नान करने से पहले उन्होंने हमाम के ताख पर रख दी थी और फिर स्नान करने के बाद बिना अँगूठी पहने ही हमाम से बाहर चले आए थे। इतना याद आते ही अकबर तेजी से स्नानागार की ओर चल दिए। हमाम में जाकर सबसे पहले ताखे पर देखा। वहाँ अँगूठी नहीं थी। फिर सोचा कि हो सकता है कि अँगूठी ताखे से फिसलकर हौज में गिर गई हो। इसलिए उन्होंने खुद हौज खँगाला। अँगूठी वहाँ भी नहीं मिली।

जिस समय अकबर अँगूठी की खोज में कभी हमाम में जा रहे थे और कभी हमाम से बाहर आ रहे थे, उसी समय किसी काम से बीरबल भी उन्हें खोजता हुआ आया। उसने देखा कि बादशाह बहुत परेशान से हैं इसलिए उसने अकबर से पूछ लिया—"जहाँपनाह! आप बहुत परेशान दिख रहे हैं। क्या बात है?"

"देखो न बीरबल! मैंने जौहरी से कल ही एक नायाब हीरे की अँगूठी बनवाई। सोचा था कि इसे मैं प्यारी बेगम को भेंट में दूँगा। आज सुबह अँगूठी उतारकर मैंने हमाम के ताखे पर रखी थी पर स्नान करने के बाद मैं उसे पहनना भूल गया। अब, जब मुझे अँगूठी की याद आई तब मैं अँगूठी लेने यहाँ आया मगर अँगूठी न तो हमाम के ताखे पर मिली और न ही किसी दूसरे स्थान पर।"

बीरबल ने पूछा—"जहाँपनाह! इस हमाम में कौन नहाता है?"

अकबर ने संजीदा होते हुए कहा—"प्यारी बेगम के रिश्तेदारों के अलावा इस हमाम में और किसी को आने की इजाजत नहीं है।"

"कोई बात नहीं है जहाँपनाह! जश्न के पहले अँगूठी मिल जाएगी। आप समझें कि अँगूठी घर में ही है। अब चिन्ता छोड़िए और अपने अतिथियों के साथ हँसी-खुशी समय गुजारिए।" बीरबल ने कहा।

अकबर जानते थे कि बीरबल कुछ भी कहता है तो उसे अंजाम तक पहुँचाता है किन्तु 'शाही अँगूठी' के बारे में उसकी बातों से भी अकबर को तसल्ली नहीं हुई। मगर और कोई चारा भी नहीं था। इसलिए अकबर अपने मेहमानों के पास चला गए। उनका ध्यान बार-बार अपनी गुम हुई अँगूठी की ओर चला जाता था इसलिए मेहमानों के साथ हँसी-मजाक में अकबर शामिल नहीं हो पा रहे थे।

बीरबल अकबर की बेचैनी समझ रहा था। उसे उचित अवसर की प्रतीक्षा थी। इसी दौरान अकबर के एक रिश्तेदार ने अकबर से पूछ लिया—"आलीजाह! क्या बात है? आपकी तबीयत नाशाज है क्या? आप कुछ उखड़े-उखड़े लग रहे हैं?"

अकबर कुछ बोलते कि उसके पहले ही बीरबल ने उस अतिथि से कहा—"भाईजान! जहाँपनाह की अँगूठी आज सुबह उनके एक रिश्तेदार ने हमाम से उठा ली। जहाँपनाह अपने उस रिश्तेदार को पहचान गए हैं। उनका वह रिश्तेदार अभी आपके बीच ही बैठा है। मगर जहाँपनाह उसे टोकने से कतरा रहे हैं कि बात कहीं रिश्तेदारी पर न आ जाए। वह अँगूठी जहाँपनाह को बेहद अजीज है इसलिए उसकी जुदाई के कारण वह बेचैन हैं।"

बीरबल की बातें सुनकर अकबर के उन रिश्तेदारों में खलबली मच गई। उन लोगों ने पूछना शुरू किया—"किसने ली है आलीजाह की अँगूठी?"

बीरबल ने कहा—"अँगूठी जिसके पास है उसका नाम मैं सार्वजनिक रूप से लेना नहीं चाहता। हो सकता है कि उसने मजाक-मजाक में अँगूठी अपने पास रख ली हो और अब देने से हिचक रहा हो कि कहीं उसे चोर न समझ लिया जाए!"

अकबर के रिश्तेदारों ने बीरबल पर फिर से जोर डाला कि वह बता दे कि अँगूठी किसके पास है।

अकबर समझ चुके थे कि बीरबल अँगूठी की तलाश में अपने ढंग से काम कर रहा है इसलिए वे खामोश ही रहे।

बीरबल ने जरा ऊँची आवाज में कहा—"मैं नाम नहीं लूँगा कि अँगूठी किसके पास है। हाँ, आप लोग जिस तरह दबाव डाल रहे हैं तो मैं आप

लोगों को निराश भी नहीं करूँगा। जिसके पास अँगूठी है वह शख्स भी यहीं है और उसकी पहचान है कि इस वक्त उसकी दाढ़ी में एक तिनका फँसा हुआ है।''

बीरबल की बात सुनकर अकबर के सारे रिश्तेदार एक-दूसरे का मुँह देखने लगे। सबके सब दाढ़ीवाले ही थे। मगर बीरबल उन सबों पर अपनी पैनी नजर जमाए हुए था। अचानक उसकी नजर रिश्तेदारों की भीड़ में बैठे एक व्यक्ति पर पड़ी जो उस वक्त तेजी से अपनी दाढ़ी खुजा रहा था, जैसे उसकी दाढ़ी में तेज खुजली हो रही हो!

बीरबल को जैसे इसी पल की प्रतीक्षा थी। उसने अकबर के पास जाकर धीरे से दाढ़ी खुजानेवाले का नाम मालूम किया और अकबर की इजाजत लेकर उनके शयनकक्ष में चला गया।

इसके बाद बीरबल ने एक दरबान को बुलाकर कहा–''मेहमानों में एक शाह रहमत आलम हैं, उन्हें बाइज्जत बुलाकर लाओ!''

थोड़ी ही देर में दरबान उस दाढ़ी खुजानेवाले व्यक्ति के साथ शयनकक्ष में उपस्थित हुआ। बीरबल ने बहुत इज्जत के साथ उस व्यक्ति को बैठाया और दरबान को बाहर भेज दिया। शहंशाह के शयनकक्ष में बैठा यह व्यक्ति कोई मामूली आदमी नहीं होगा, इसका अन्दाज शाह रहमत आलम को हो गया था...उसके चेहरे पर हवाइयाँ उड़ने लगी थीं।

बीरबल अपनी जगह से उठा और धीरे-धीरे कदम बढ़ाता हुआ शाह रहमत आलम के पास पहुँचा और बड़े प्यार से उसके कन्धे पर हाथ रखते हुए कहा–''मैं चाहता हूँ कि आप जिस इज्जत के साथ यहाँ जश्न मनाने के लिए बुलाए गए हैं, उसी इज्जत के साथ आपकी विदाई हो और मुझे उम्मीद है कि आप भी ऐसा ही चाहते होंगे। मेरी आपसे गुजारिश है कि बिना एक क्षण भी गँवाए बादशाह की अँगूठी आप मेरे हवाले कर दें। बादशाह का हुक्म है कि अँगूठी मिलते ही पूरे महल में चर्चा करा दी जाए कि अँगूठी हमाम में मिली। इससे बादशाह मुतमईन भी हो जाएँगे कि उनके किसी रिश्तेदार को कोई चोर न समझ बैठे!''

बीरबल का इतना कहना था कि शाह रहमत आलम ने पाजामे के इजारबन्द से बाँधकर रखी गई अँगूठी खोलकर बीरबल को थमा दी और उसके पाँव पकड़ लिये।

बीरबल ने उसका कन्धा थपथपाया और कहा–"मुझ पर भरोसा रखो। कानोंकान खबर तक न होगी।"

हुआ वही, जो बीरबल ने कहा था। थोड़ी ही देर में महल में चर्चा हो गई कि बादशाह सलामत की खोई अँगूठी हमाम में मिली।

अकबर को जब बीरबल ने अँगूठी थमाई तो अकबर ने खुश होकर बीरबल को गले से लगा लिया और कहा–"तुम्हारा जवाब नहीं है बीरबल!"

छाया-मुद्रा से भुगतान

दो पड़ोसी थे—रामजतन और रामखेलावन। दोनों में मित्रता थी। एक रात रामजतन ने सपने में देखा कि रामखेलावन ने उसे सौ स्वर्णमुद्राएँ दी हैं। सुबह उसने अपने मित्र रामखेलावन से अपने सपने के बारे में बताया तो वह मुस्कुराकर रह गया।

उसी दिन शाम को रामजतन से रामखेलावन की भेंट बाजार में हो गई। बाजार में रामखेलावन कुछ अन्य मित्रों के साथ था। उसने रामजतन को देखकर हँसते हुए पूछा—"रामजतन! मैंने तुम्हें कितनी स्वर्णमुद्राएँ दी हैं?"

उसके पूछने का अन्दाज ऐसा था मानो वह रामजतन से मजाक कर रहा हो!

रामजतन ने भी हँसते हुए जवाब दिया—"पूरी सौ स्वर्णमुद्राएँ।"

उस समय बात हँसी में टल गई। इसके बाद रामखेलावन जहाँ कहीं भी रामजतन को देखता तो उससे पूछ लेता—"कितनी स्वर्णमुद्राएँ?"

और रामजतन का जवाब होता—"पूरी सौ।"

इस तरह कुछ दिन गुजर गए। लगभग सारे गाँव में यह चर्चा फैल गई कि रामखेलावन बहुत मालदार आदमी है। उसने रामजतन को सौ स्वर्णमुद्राएँ कर्जस्वरूप दे रखी हैं।

एक दिन अचानक रामखेलावन ने रामजतन के घर जाकर कहा—"रामजतन! अब और कितने दिन मेरी स्वर्णमुद्राएँ अपने पास रखोगे? पड़ोसी होने के नाते मैंने कभी तुम पर दबाव नहीं डाला कि तुम मेरा कर्ज वापस करो लेकिन तुमने तो हद कर दी। अब मजबूर होकर मुझे अपने पैसों के लिए तकाजा करना पड़ रहा है।"

रामजतन ने समझा कि रामखेलावन उसके साथ उसी तरह मजाक कर

रहा है, जैसे पहले करता था। उसने हँसते हुए कहा–"तुम्हें पैसों की क्या कमी है, फिर ले लेना कभी। अभी तो जरा हाथ तंग है।"

बात आई-गई हो गई।

मगर अब रामखेलावन को जहाँ कहीं भी रामजतन दिखता, वह उसे पैसों के लिए वैसे ही टोकता, जैसे कर्जदार को कर्ज वापसी के लिए टोका जाता है। समय के साथ-साथ रामखेलावन की यह प्रवृत्ति बढ़ती ही गई। स्थिति यह हो गई कि रामजतन को इस तरह टोका जाना बुरा लगने लगा। एक दिन उसने भरे बाजार में रामखेलावन को टोक दिया कि अब वह उससे पैसों की इस तरह माँग नहीं किया करे। यह कोई तरीका नहीं है कि आते-जाते, मौके-बे-मौके उसे इस तरह टोका जाए, जैसे वह उसका कर्जदार हो! आखिर एक सपने की बात को लेकर वह उसका कितने दिन मजाक उड़ाएगा?

रामजतन की ऐसी तीव्र प्रतिक्रिया पर सरे-बाजार रामखेलावन उस पर क्रोधित हो गया और वहाँ मौजूद लोगों से बोला–"सुन रहे हो भाइयो! तुम सब तो जानते हो कि रामजतन के पास मेरी सौ स्वर्णमुद्राएँ हैं। अब जब मैं उससे उसकी वापसी की बात कहता हूँ तब रामजतन मुझे टोकने तक से रोक रहा है।...ठीक है भाई! नहीं टोकूँगा। मेरी मुद्राएँ मुझे वापस मिल जाएँ तो भला मैं क्यों टोकने जाऊँगा उसे?"

रामखेलावन की बात सुनकर रामजतन जैसे आसमान से गिरा। वहाँ खड़े लोग रामखेलावन की हाँ में हाँ मिलाने लगे। कई लोगों ने बीच में पड़कर रामजतन से कहा भी कि वह रामखेलावन की मुद्राएँ वापस कर दे।

रामजतन के यह कहने पर कि उसने रामखेलावन किसी से कोई पैसा नहीं लिया है, तो बाजार के लोग नाराज हो गए। बात तूल पकड़ने लगी और अन्त में अकबर के दरबार में पहुँची।

रामखेलावन और रामजतन की बातें सुनकर अकबर असमंजस में पड़ गए और न्याय के लिए मामला बीरबल को सौंप दिया।

बीरबल ने रामजतन से सारी बातें पूछीं। रामजतन ने सपने से लेकर बाजार तक की घटना सच्ची-सच्ची बीरबल के सामने बयान कर दी। बाद में बीरबल ने कुछ कड़ाई से रामखेलावन से पूछा कि रामजतन के बयान में सच्चाई है या नहीं?

रामखेलावन ने स्वीकार कर लिया कि रामजतन के बयान में सच्चाई है लेकिन यह भी सच है कि रामजतन उसे स्वर्णमुद्राओं की वापसी के लिए वादा करता रहा है इसलिए उसे सौ स्वर्णमुद्राओं का भुगतान अवश्य किया जाना चाहिए।

बीरबल ने कहा–"ठीक है रामखेलावन! यदि यही तुम्हारी शर्त है तो मैं तुम्हें सौ स्वर्णमुद्राएँ देता हूँ।"

इसके बाद बीरबल ने कोषागार से सौ स्वर्णमुद्राएँ मँगाईं और उन्हें एक मेज पर गिन-गिनकर रखा। उसने रामखेलावन से पूछा–"पूरी स्वर्णमुद्राओं की संख्या कितनी है?"

रामखेलावन ने कहा–"सौ।"

बीरबल ने मेज की लम्बाई-चौड़ाई में रखकर एक आईना रामखेलावन के हाथों में थमाया और पूछा–"इस आईने में कितनी स्वर्णमुद्राएँ हैं?"

रामखेलावन ने कहा–"सौ।"

बीरबल ने हँसते हुए कहा–"आईनेवाली स्वर्णमुद्राएँ ले लो। आज से रामजतन तुम्हारे कर्ज से मुक्त हुआ।"

बीरबल का न्याय सुनकर रामखेलावन उसका मुँह ताकता रह गया।

जवाहरातों की वापसी

दिल्ली में ठगी अकबर के जमाने में भी मशहूर थी। एक बार दो ठगों ने एक सर्राफ को ठगने के लिए अपना जाल बिछाया। दोनों कुछ बहुमूल्य जवाहरात लेकर सर्राफ के पास गए। दोनों ने अपना लिबास अमीर-उमरा की तरह पहन रखा था। उनके उठने, बैठने, बोलने में एक खास नफासत थी। उन्हें देखकर लगता था कि वे निश्चय ही किसी कुलीन घराने से आते हैं।

सर्राफ उनके हाव-भाव से प्रभावित हुआ और अपनी दुकान में उन्हें इज्जत से बैठाया और उनके आने का कारण पूछा।

एक ठग ने जवाहरातों की पोटली खोलते हुए सर्राफ से कहा–"अचानक हमें बड़ी रकम की जरूरत आ गई है। घर में इतनी नगदी है नहीं। किसी से हम कर्ज माँगे, यह हमें गँवारा नहीं। इसलिए हम ये जवाहरात बेचना चाहते हैं।"

सर्राफ ने जवाहरात देखे। सभी बहुमूल्य जवाहरात थे। लाखों का माल था। इतनी नगदी सर्राफ के पास भी नहीं थी कि उन जवाहरातों को खरीद सके। लेकिन दोनों ठगों के नफासत-भरे अन्दाज से प्रभावित सर्राफ उनकी मदद करना चाहता था इसलिए सर्राफ ने ठगों से कहा–"बन्धुओ! मेरे पास इन बेशकीमती नगीनों को खरीदने लायक धन नहीं है। फिर भी आप चाहें तो मैं आपकी मदद इन जवाहरातों को बिकवा देने में कर सकता हूँ।"

दोनों ठगों में से एक ने कहा–"आप हमारी यही मदद कर दें तो बहुत उपकार होगा। भविष्य में हम लोग जेवर-जेवरात के लिए आपके पास ही आया करेंगे।"

सर्राफ बहुत खुश हुआ–यह सोचकर कि एक अच्छे परिवार के साथ

उसका व्यापारिक सम्बन्ध आरम्भ हो रहा है। उसने उन दोनों ठगों से कहा कि वे अपने जवाहरात उसके पास छोड़ जाएँ। दूसरे दिन वह उन जवाहरातों को बिकवा देगा। बिकने पर जो पैसे मिलेंगे, वे दोनों शाम को आकर ले जाएँ।

वे दोनों ठग सर्राफ के प्रस्ताव से सहमत हो गए। उन दोनों ने सर्राफ को जवाहरात सौंपते हुए कहा–"यदि इस बीच हमें नगदी मिल जाए तो हम आकर ये जवाहरात आपसे वापस ले जाएँगे, नहीं तो आप इन्हें बेच दीजिएगा। हाँ, इस बात का ध्यान अवश्य रखिएगा कि जवाहरात की वापसी आप हम दोनों के एक साथ आने पर ही कीजिएगा। किसी एक के आने पर नहीं।"

सर्राफ ने उनकी बात पर हामी भर दी और वे दोनों अपने जवाहरात सर्राफ को सौंपकर वहाँ से चले गए।

थोड़ी ही देर के बाद उन दोनों में से एक आदमी सर्राफ के पास आया। उसने सर्राफ से कहा–"बन्धु! हम लोगों को आवश्यकतानुसार नगदी मिल गई है। आप हमें जवाहरात वापस कर दें।"

सर्राफ ने कहा–"अच्छा हुआ जो नगदी का बन्दोबस्त हो गया। ऐसे जवाहरात कोई बार-बार तो खरीदना नहीं होता। आपके दूसरे साथी आ जाएँ तब आप अपने जवाहरात ले जाइएगा।"

उस आदमी ने सहज मुस्कान के साथ सर्राफ से कहा–"मेरे दूसरे साथी भी आए हुए हैं। दुकान के बाहर खड़े होकर नगदी गिन रहे हैं। मैं जवाहरात लेने आ गया हूँ। समय ठीक नहीं है। हमारे पास नगदी भी बहुत है और बेशकीमती जवाहरात भी हैं। इसलिए हम चाहते हैं कि रात गहराने से पहले अपने घर पहुँच जाएँ। आप जवाहरात वापस कर दें।"

सर्राफ ने दुकान के बाहर झाँका तो उस आदमी के साथी को खड़ा होकर नगदी गिनने में व्यस्त पाया। तसल्ली हो जाने के बाद सर्राफ ने उस व्यक्ति को जवाहरात दे दिए।

जवाहरात लेकर वह व्यक्ति दुकान से बाहर चला गया।

दूसरे दिन सर्राफ ने अपनी दुकान खोली। अन्य दिनों की तरह ही भगवान

को धूप आदि दिखलाकर वह अपनी गद्दी पर बैठा ही था कि दूसरा आदमी, जो उसकी दुकान के बाहर खड़ा होकर नगदी गिन रहा था, सर्राफ के पास आया। सर्राफ ने खुश होकर उसकी आवभगत की तथा अपने पास बैठाया। अभिवादन के बाद उस आदमी ने सर्राफ से कहा–"सेठ जी! अब हमें जवाहरात नहीं बेचने हैं। आप जवाहरात वापस कर दें।"

इतना सुनते ही सर्राफ ठगा-सा रह गया। उसने उस आदमी से कहा–"लेकिन भाई जी! जवाहरात तो आपके साथी कल शाम ढले ही ले गए! मैंने उनसे कहा भी था कि आपके दूसरे साथी आ जाएँ तो जवाहरात ले जाना। मगर उसने बताया कि दूसरे साथी भी साथ ही हैं–उस समय आप दुकान के बारह नगदी गिन रहे थे।"

"मैं दुकान से बाहर कब क्या कर रहा था, इससे आपको कोई मतलब नहीं होना चाहिए।" उस आदमी ने तेवर बदलते हुए कहा," अब आपकी खैरियत इसी में है कि आप मेरे जवाहरात वापस कर दें, अन्यथा मैं बादशाह के दरबार में आपकी शिकायत करूँगा।"

सर्राफ बेचारा अजीब उलझन का शिकार हो गया। जवाहरात तो उसने इस आदमी के साथी को दे दिये थे। जवाहरात होते तभी तो वह वापस करता! बात उलझती गई। अन्त में बात बादशाह अकबर के दरबार में पहुँची।

सर्राफ और उस आदमी दोनों की ही बातें सुनकर अकबर ने यह मामला बीरबल को सुलझाने के लिए सौंप दिया।

बीरबल ने सर्राफ से पूरी घटना अपने कक्ष में सुनी। फिर उसने जवाहरातों का दावा करनेवाले को बुलाकर उसकी बातें सुनीं। बीरबल को समझते देर नहीं लगी कि यह आदमी मक्कारी पर उतारू है और सर्राफ को ठगना चाहता है। बीरबल ने मन-ही-मन तय कर लिया कि इस मक्कार को कड़ी से कड़ी सजा दिलवाना जरूरी है। उसने उस आदमी से पूछा–"सर्राफ से यही गलती हुई न कि इसने जवाहरात बिना तुम्हारी मौजूदगी के तुम्हारे साथी को दे दिए थे?"

"जी हाँ, हुजूर! मैंने इससे कहा था कि जब दोनों साथी आएँ तब ही जवाहरात वापस करना।" उस आदमी ने कहा।

बीरबल ने सिपाहियों को कुछ संकेत किया और उस आदमी से कहा–

“तो फिर तुम अकेले जवाहरातों की वापसी के लिए सर्राफ के पास क्यों गए? तुम्हारा दूसरा साथी कहाँ है?”

उस आदमी को शायद इस प्रश्न की आशा नहीं थी। वह बीरबल के प्रश्न का उत्तर नहीं दे सका। बीरबल के संकेत पर सिपाहियों ने उसे गिरफ्तार कर लिया।

जब सिपाही उस व्यक्ति को गिरफ्तार कर कारागार की ओर ले जाने लगे तब बीरबल ने कहा–“जब तक तुम्हारा दूसरा साथी नहीं आ जाता है, तुम आराम करो।”

बीरबल के इस न्याय से सर्राफ बहुत प्रसन्न हुआ और हर्षित मन से अपनी दुकान की ओर चला गया।

झख मारनेवाला बादशाह

समय-समय पर अकबर अपनी तफरीह के दौरान कुछ ऐसा भी करते थे जिससे उन्हें मजा भी आए और प्रजा के दुख-सुख के बारे में उन्हें जानकारी भी मिले।

जाड़े का मौसम था। माघ का पाला पड़ रहा था। एक मछेरन अकबर के दरबार में यह गुजारिश लेकर आई कि यमुना तट पर बसी मछेरों की बस्ती में बादशाह की ओर से 'अलाव' की व्यवस्था कराई जाए, नहीं तो माघ के पाले की मार से ही मछेरे मर जाएँगे। कोई फाल्गुन का मुँह देखने के लिए जिन्दा नहीं बचेगा।

अपनी पीड़ा बताते हुए मछेरन ने बादशाह से कहा–"जहाँपनाह! मेरी बात समझने के लिए और मछेरों का दुख-दर्द जानने के लिए ऐसा इनसान चाहिए जिसने कभी एक रात माघ के पाले में यमुना तट पर बिताई हो! वही जान सकता है कि बर्फ को भी झुठला देनेवाली ठंडी हवाओं की मार झेलते हुए रात गुजारना कितना मुश्किल है। हर रात हम मछेरों के लिए कहर की रात होती है।"

मछेरन की बात बादशाह के मन में बैठ गई। उन्होंने मछेरन के साथ एक प्यादे को भेज दिया कि वह जाकर उसकी बस्ती देख आए। उस बस्ती में राज्य की ओर से हर रात अलाव जलाने का इन्तजाम कराने का फरमान भी जारी कर दिया। इसके बाद बादशाह अकबर ने मन-ही-मन फैसला किया कि वे मछेरों की बस्ती में जाकर रहेंगे ताकि वे जान सकें कि माघ की इस ठंड में गरीब मछेरे किस तरह रहते हैं।

दूसरे दिन ही उन्होंने बीरबल को हुक्म दिया कि वह यमुना किनारे बसी मछेरों की बस्ती में दो तम्बू लगवाए और उनके साथ छुट्टियाँ बिताने के लिए अपनी तैयारी भी कर ले।

बीरबल कुछ समझ नहीं पाया लेकिन बादशाह का हुक्म था, उसे पूरा करना ही था, सो किया। मन-ही-मन बीरबल महाराज के इस हुक्म पर खूब भुनभुनाया लेकिन पूरी निष्ठा से उसने यमुना किनारे मछेरों की बस्ती में बादशाह और अपने लिए दो तम्बू गड़वाए। बादशाह की जरूरत की हर वस्तु की व्यवस्था वहाँ करवा दी। खुद अपने लिए भी आवश्यक इन्तजाम करवा लिये। अपनी व्यवस्था से सन्तुष्ट हो जाने के बाद बीरबल ने बादशाह अकबर को जाकर बताया कि मछेरों की बस्ती में रहने का इन्तजाम हो गया है।

अकबर ने जब सुना तो उसने बीरबल से कहा—"मैं मछेरों की बस्ती के लिए प्रस्थान करता हूँ। तुम भी अपने घर पर यह खबर दे दो कि एक जरूरी काम से तुम मेरे साथ सात दिनों के लिए निकल रहे हो। और इसके बाद तुम फौरन मछेरों की बस्ती में पहुँच जाओ। वहाँ रहनेवालों की जीवन-शैली, उनके आमोद-प्रमोद, तीज-त्योहार, सभ्यता-संस्कृति, धार्मिक और पारम्परिक मान्यताएँ, उनकी रूढ़ियाँ, ऐसी बहुत-सी बातें हैं जिनकी जानकारी रखना सत्ता का धर्म है। हम लोग मछेरों की जीवन-प्रणाली के बारे में कुछ भी तो नहीं जानते! चलो, इस अवसर का उपयोग करें। मनोरंजन के साथ जानकारियाँ भी बढ़ें, इससे अच्छा सीखने का उपाय भी क्या है?"

दरअसल बीरबल की मुखमुद्रा से अकबर यह भाँप गए थे कि कड़ाके की सर्दी में नदी किनारे रहने के उनके प्रस्ताव से वह खुश नहीं है। इसलिए अकबर अपने इस प्रवास के महत्त्व को बीरबल के सामने बढ़ा-चढ़ाकर पेश कर रहे थे। सच्चाई यह थी कि बादशाह के इस प्रवास का इतना ही मतलब था कि वे जान सकें कि ठिठुरन-भरी रातें नंग-धड़ंग रहनेवाले मछेरे कैसे गुजारते हैं।

अकबर अपने घोड़े पर सवार होकर मछेरों की बस्ती की ओर चल पड़े। बीरबल भी अपने घर सूचना देकर मछेरों की बस्ती पहुँच गया। अकबर और बीरबल के तम्बू आसपास ही थे। अकबर ने बीरबल से सम्पन्न मछेरों जैसे लिबास की व्यवस्था करने के लिए कहा।

कुढ़ता हुआ बीरबल बादशाह की यह इच्छा पूरी करने के लिए बाजार गया। मछेरों के बीच प्रचलित वस्त्र अपने तथा बादशाह के लिए खरीद

लिये। मन-ही-मन बीरबल इस बात के लिए आशंकित था कि कहीं अकबर उसे किसी और चीज की व्यवस्था के लिए न कह दें। मगर बीरबल की आशंका निर्मूल साबित हुई।

जब वह मछेरों की बस्ती में पहुँचा तो यह देखकर दंग रह गया कि बादशाह बिना पगड़ी के साधारण से कपड़े में नदी के किनारे बिछी रेत पर पसरे हैं। नर्म-गुनगुनी धूप का आनन्द उठाने की तबीयत बीरबल की भी हुई और वह भी अपने वस्त्र उतारकर, अधोवस्त्र में ही अकबर के पास जाकर, बालू पर लेट गया।

नदी की धारा से टकराकर आती हवा के हिलोरों में तन-मन को हर्षित कर देने की कैसी ताकत होती है, यह पहली बार बादशाह और बीरबल ने महसूस किया। प्रकृति की गोद में यूँ ही अपने को छोड़ देना कितना आह्लादकारी होता है, यह बात पहली बार दोनों को समझ में आ रही थी।

'शायद मछेरों के जीवन में उमंग का स्फुरण इन्हीं हवाओं से मिलता है तभी तो वे अभाव में भी इतने अलमस्त दिखते हैं।' मन-ही-मन बीरबल सोच रहा था।

...और बादशाह अकबर के जेहन में कुछ दूसरी बातें ही घुमड़ रही थीं। बादशाह सोच रहे थे कि जब यमुना तट पर प्रवास हो ही रहा है तो क्यों न दो-चार दिन बिलकुल मछेरों की तरह की जिन्दगी जी ली जाए! यह खयाल मन में आते ही अकबर ने बीरबल को आवाज दी—"बीरबल!"

"जहाँपनाह।" बीरबल अपने स्थान से उठकर बादशाह अकबर के पास पहुँच गया।

"बीरबल, क्यों न हम लोग आज से मछेरों जैसी दिनचर्या अपना लें! बहुत मजा आएगा। मैं सोचता हूँ कि यमुना में मछली मारना एक अच्छा तजुर्बा देगा, है न? तुम ऐसा करो, सामने मछेरों की बस्ती में जाकर दो-चार बंसी खरीदकर ले आओ। आज हम लोग बंसी से मछलियाँ पकड़ेंगे और शाम को उन्हीं मछलियों से इन मछेरों की तरह पेट भरेंगे। कुछ मछलियाँ आग में सेंक ली जाएँगी और कुछ मछलियाँ कड़ाही में तल-भूनकर पका ली जाएँगी। जाओ, जाकर जल्दी से बंसियों का इन्तजाम करो।" अकबर ने बीरबल से कहा।

बीरबल के पास अकबर का आदेश मानने के अलावा कोई चारा भी नहीं था। इसलिए वह मछेरों की बस्ती में गया और वहाँ से चार बंसी और मछली पकड़ने के लिए चारा खरीदकर ले आया।

अकबर ने खुश होकर बीरबल को शाबाशी दी और बंसी लेकर नदी किनारे बैठ गए। उन्होंने बीरबल से कहा–''बीरबल! तुम जहाँ चाहो वहाँ जाकर मछली पकड़ो। शाम को यहाँ आ जाना। तब देखेंगे, किसने कितनी मछलियाँ पकड़ी हैं।''

मन-ही-मन कुढ़ता हुआ बीरबल वहाँ से चला गया।

अकबर पर जैसे मछली पकड़ने का जुनून सवार हो गया था! शाम तक अकबर ने आठ-दस मछलियाँ पकड़ीं। उनमें कुछ बड़ी मछलियाँ भी थीं। बीरबल ने बीस-पच्चीस मछलियाँ पकड़ी थीं, लेकिन उसकी बंसी में छोटी मछलियाँ ही फँसीं।

अकबर अपनी इस सफलता से बहुत खुश हुए और बीरबल से कहा– "मानते हो न बीरबल कि मैं मछलियों का भी अच्छा शिकारी हूँ।''

''जहाँपनाह! आप बादशाह हैं। आप पर खुदा की नेमत है। भला मैं आपसे कैसे मुकाबला कर सकता हूँ! वैसे जहाँपनाह, मेरी झोली में एक जैसी पच्चीस मछलियाँ हैं। संख्या बल में ये आपकी मछलियों से अधिक हैं मगर आपकी एक मछली इन सभी मछलियों को वैसे ही निगल जा सकती है जैसे आपकी उपस्थिति मात्र से हम जैसे सैकड़ों लोगों का वजूद गायब हो जाता है।''

अकबर उसकी बात सुनकर संजीदा हो गए! तत्काल ही अपनी बात बदल ली और कहा–''चलो, अब मछलियों को पकाने की तैयारी करें। बड़ी भूख लगी है।'' इतना कहकर अकबर ने बीरबल की ओर देखा।

बीरबल के चेहरे पर कोई भाव नहीं था मगर अकबर को न जाने क्यों ऐसा महसूस हो रहा था कि मछलियों के शिकार की तुलना करना बीरबल को अच्छा नहीं लगा है।

उस रात अकबर और बीरबल ने मछली के व्यंजनों का मजा लिया।

दो मछेरों को नदी किनारे तम्बू गाड़कर मछलियाँ आग में भूनते देख मछेरों की बस्ती से कुछ मछेरे उनका नाम-पता जानने चले आए।

अकबर और बीरबल ने मछेरों को स्नेहपूर्वक अपने साथ बैठाया और बहुत प्रेम से उनसे बातें कीं। इस बीच वे अलाव जलाकर उसमें मछली भूनते रहे और उसे निकालकर खाते भी रहे।

कुछ मछेरों से परिचय होने पर अकबर ने अपने को असली मछेरा बताने और जताने के लिए जाल से बड़ी मछलियों के शिकार की बात छेड़ दी।

जैसे ही यह बात चली, बीरबल के कान खड़े हो गए। बीरबल सतर्क हो गया। कहीं बादशाह जुनून में आकर इन मछेरों के साथ बड़ी मछलियों के शिकार के लिए जाने का मन न बना लें!

थोड़ी ही देर में वही हुआ जिसका बीरबल को डर था। उन मछेरों ने अकबर की बातों से प्रभावित होकर साथ-साथ शिकार पर जाने का कार्यक्रम बना लिया।

बीरबल ने अकबर को टोका भी कि कल तो हम लोगों को यमुना तट पर ही रहना चाहिए मगर बादशाह अपनी रौ में थे। उन्होंने बीरबल का संकेत नहीं समझा और तपाक कहा–"फिर कभी रह लेंगे भाई! कल तो हमें इन नए दोस्तों के साथ मजे करने दो। बीच नदी में मछली मारना... वाह, कितनी मजेदार बात है!"

अकबर के इस अति उल्लास ने बीरबल को चकित कर दिया और वह चुप रह गया। करता भी क्या! अकबर के सामने इससे पहले बीरबल कभी इतना विवश नहीं हुआ था।

दूसरे दिन पौ फटते ही अकबर की नींद खुल गई। वे बिस्तर से निकलकर आम दिनचर्या से निवृत्त हो चुके थे। तब बीरबल अपने तम्बू से निकला। बीरबल को देखते ही अकबर ने कहा–"बीरबल, तुम जल्दी से तैयार होकर महल जाओ और बेगम से मेरा तैराकी का लिबास लेकर आओ। आज हमें बीच नदी में मछली पकड़ने जाना है। तुम बेशक नदी किनारे बैठकर मछलियाँ पकड़ो, मुझे कोई एतराज नहीं है।"

बीरबल ने जैसे ही अकबर का यह आदेश सुना, मन-ही-मन जल-भुन गया। मगर बादशाह का आदेश था इसलिए बीरबल बिना हील-हुज्जत के अकबर के महल के लिए रवाना हो गया।

महल पहुँचकर उसने जनानेखास में खबर भिजवाई कि बादशाह का सन्देश लेकर बीरबल आया है और बेगम साहिबा से मिलने की इजाजत चाहता है।

सन्देश मिलते ही दो कनीजें आईं और बीरबल को बेगम साहिबा के पास ले गईं।

बीरबल जब बेगम साहिबा से अकबर की तैराकी की पोशाक लेकर वहाँ से चलने लगा तो बेगम ने उससे पूछा–"बीरबल! यह तो बताते जाओ कि बादशाह क्या कर रहे हैं?"

बीरबल खीजा हुआ तो था ही, उसने तपाक कहा–"और क्या करेंगे, झख मार रहे हैं।"

बीरबल का यह उत्तर बेगम साहिबा को बहुत बुरा लगा और उन्होंने बादशाह अकबर से बीरबल की शिकायत करने की ठान ली।

दो-तीन दिनों के बाद ही बादशाह आ गए। वे अपने साथ एक बड़ी-सी रोहू मछली लेते आए थे।

खवासों ने वह मछली बेगम साहिबा को सौंपते हुए कहा था–"बादशाह ने कहा है कि यह बहुत ही खास मछली है। बेगम साहिबा अपनी देखरेख में इस मछली को बनवाएँ।"

बेगम साहिबा को बादशाह के आने की खबर से खुशी हुई। उन्होंने अपनी निगरानी में मछली के शल्क उतरवाए, उसकी सफाई कराई और फिर उसकी बोटियाँ भी अपने सामने कटवाईं। मछली पका लेने के बाद बेगम बादशाह अकबर के आने की प्रतीक्षा करने लगीं।

शाम ढले अकबर जनानखाने में आए और बेगम के कक्ष में गए। भोजन किया। मछली बहुत लजीज बनी थी। बादशाह ने स्वाद ले-लेकर मछली खाई। भोजन कर लेने के बाद बादशाह ने बेगम की खूब तारीफ की कि उन्होंने मछली बहुत स्वादिष्ट बनाई है। बेगम इस तारीफ से बहुत खुश हुई और बादशाह से पूछ बैठीं–"जहाँपनाह! आप इतने दिन कहाँ रहे और तैराकी का अपना लिबास क्यों मँगाया?"

बादशाह अकबर चाहते थे कि उनसे यह सवाल किया जाए। उनकी इस चाहत के पीछे मछेरों के साथ बिताए हुए लम्हों की खुशियाँ थीं, जिसे वे किसी और को बताना चाहते थे।

बेगम का पूछना था कि अकबर कहने लगे–"बेगम! मैं मछेरों का दुख-दर्द जानने के लिए यमुना तट पर बसी उनकी बस्ती में मछेरा बनकर रहने गया था। तैराकी का लिबास मैंने एहतियातन मँगवा लिया था। इस लिबास को पहनकर मझधार में उतरने पर भी डूबने का खतरा नहीं रहता। मुझे मछेरों के साथ मझधार में बड़ी मछलियों के शिकार के लिए जाना था। आज जो मछली तुमने पकाई है, वह मैंने ही मारी थी। मुझे इस मछली को मारने में वैसा ही रोमांच हो रहा था जैसा रोमांच किसी शिकारी को शेर मारने से होता है और जानती हो बेगम! इस शिकार में बीरबल को मैं अपने साथ नहीं रख पाया। वह बेचारा तो यमुना तट पर बैठकर छोटी मछलियाँ मारते हुए मेरा इन्तजार करता रहा।"

बीरबल का नाम सुनते ही बेगम तैश में आ गईं और अकबर से बोलीं–"उस नामुराद का नाम मेरे सामने न लें महाराज! आपने उसे सिर पर चढ़ा रखा है। उसे बात करने की भी तमीज नहीं है।"

"क्या हुआ बेगम? आप इस कदर नाराज क्यों हो रही हैं? बीरबल मेरे दरबार का सबसे बुद्धिमान दरबारी है। बहुत उलझे मामले भी वह आसानी से सुलझा लेता है। मैं उसकी बुद्धिमत्ता की कद्र करता हूँ। आपको उसके प्रति इस तरह के शब्दों का इस्तेमाल नहीं करना चाहिए!" अकबर ने बेगम से कहा।

मगर अकबर की बातें सुनकर भी बेगम का गुस्सा शान्त नहीं हुआ। वे भड़ककर बोलीं–"जहाँपनाह! बीरबल ने ऐसी बदतमीजी की है कि...मेरा बस चलता तो मैं उसकी खाल उधेड़वाकर उसके शरीर पर नमक और मिर्च की मालिश करवा देती..."

"अरे! आप नाराज ही होती रहेंगी या बताएँगी भी कि बीरबल ने किया क्या है?" संजीदा होते हुए अकबर ने पूछा।

"होगा क्या जहाँपनाह! जब वह तैराकी का लिबास लेने यहाँ आया था तब मैंने पूछा था कि बादशाह क्या कर रहे हैं, तो उसने जवाब दिया–महाराज झख मार रहे हैं।" बेगम ने बादशाह को बताया।

बेगम के तेवर देखकर अकबर की भी त्योरियाँ चढ़ गईं और उन्होंने अविलम्ब प्यादों को भेजकर बीरबल को जनानखाने में ही बुलवा लिया।

बीरबल बेगम के कक्ष में बुलाए जाने पर ही समझ गया कि जरूर झख

मारनेवाली बात की शिकायत बेगम ने अकबर से की है। ऐसा खयाल आते ही बीरबल मन-ही-मन मुस्कुराया।

बेगम के कक्ष में पहुँचकर बीरबल ने सम्मानपूर्वक दोनों का अभिवादन किया और बादशाह से पूछा–"क्या हुक्म है जहाँपनाह?"

अकबर ने उलाहना देते हुए कहा–"तुम बड़े गुस्ताख हो गए हो बीरबल! तुम्हें मैं झख मारनेवाला शख्स दिखता हूँ? यही कहा था न तुमने बेगम साहिबा से?"

बीरबल ने बहुत सहज भाव में कहा–"जहाँपनाह! मैंने बेगम साहिबा से कुछ भी बेजा नहीं बोला था। संस्कृत में झख मछली को कहते हैं। मेरी जो घरेलू जुबान है उसमें भी मछली को झख ही कहते हैं। आप मछेरों के साथ मछली के शिकार के लिए गए थे और यहाँ बेगम साहिबा ने मुझसे पूछा कि बादशाह सलामत क्या कर रहे हैं, तो जवाब में मैंने उनसे आदतन कह दिया–झख मार रहे हैं।" बीरबल ने इस तरह सफाई देने के बाद बहुत मासूमियत से पूछा–"मगर महाराज, इसमें मुझसे क्या गलती हो गई कि आप दोनों मुझसे नाराज हैं?"

बीरबल के इस प्रश्न पर अकबर को हँसी आ गई और उन्होंने उसकी पीठ थपथपाते हुए बेगम से कहा–"बीरबल की अपनी बात मनवाने की यही कला मुझे पसन्द है।"

फिर उन्होंने बीरबल को बाइज्जत वहाँ से भेज दिया।

ताते पाँव पसारिए जाती लम्बी सौर

बीरबल अपनी सूझ-बूझ से अकबर का सबसे निकट सहयोगी बन गया था। छोटी से छोटी बात भी अकबर उससे ही पूछते और उस पर अमल भी करते।

आम दरबारी अकबर के इस व्यवहार से चिन्तित थे। एक दिन कुछ दरबारियों ने आपस में विचार-विमर्श किया और इस नतीजे पर पहुँचे कि अकबर से मिलकर उनसे दरखास्त की जाए कि शासन-प्रशासन के मुताल्लिक छोटी-मोटी राय उनसे भी ली जाए। बादशाह का किसी एक दरबारी पर इस तरह निर्भर हो जाना राज्य के लिए कतई ठीक नहीं है।

अकबर ने उन्हें समझाया कि बीरबल बहुत सूझ-बूझवाला है। उसकी सामयिक सूझ बहुत काम की होती है। मगर उन दरबारियों को लगा कि अकबर अब बीरबल की तरफदारी पर उतर आए हैं। उनमें से एक ने अकबर से कहा—"जहाँपनाह! किसी एक दरबारी के लिए कमजोरी पालना बादशाह के लिए उचित नहीं है। बादशाह की नजर में तो सभी दरबारी एक जैसे होने चाहिए!"

अकबर ने अब और तर्क-वितर्क करना उचित नहीं समझा। उन्होंने दरबारियों को दूसरे दिन अपने शयनकक्ष में आने को कहा। बादशाह द्वारा शयनकक्ष में बुलाए जाने से दरबारी खुश हो गए। उन्होंने समझा कि अब बीरबल को धकियाकर उसका स्थान लेना आसान हो जाएगा।

जब सारे दरबारी, दूसरे दिन अकबर के शयनकक्ष के सम्मुख एकत्रित हुए तब बादशाह अकबर ने उन्हें बारी-बारी से अपने शयनकक्ष में आने को कहा।

एक दरबारी शयनकक्ष में गया। अकबर ने उसे एक चादर थमाई और

खुद पलंग पर लेट गए। चादर अकबर के कद से डेढ़ बित्ता छोटी थी। अकबर ने उस दरबारी से कहा–"यदि तुम मुझे इस चादर से पूरी तरह ढँक दो तो मैं तुम्हें बीरबल का स्थान दे दूँगा।"

उस दरबारी ने चादर अकबर के शरीर पर खोली। चादर छोटी होने की वजह से कभी उससे अकबर का सिर ढँकता तो पैर नहीं, और कभी पैर ढँकता तो सिर नहीं। अन्ततः उस दरबारी ने अकबर से कहा–"जहाँपनाह! चादर आपके शरीर से छोटी है। इससे आपका शरीर ढँकना सम्भव नहीं है।"

अकबर ने उस दरबारी से कहा–"आपने सही फरमाया। आप इसी कक्ष में रहें।" अकबर ने कक्ष में लोगों के बैठने के लिए बनाए गए स्थान की ओर इशारा करते हुए उस दरबारी से कहा।

दरबारी उस जगह पर जाकर बैठ गया।

अकबर ने क्रमशः सभी दरबारियों को अपने कक्ष में बुलवाया और उस चादर से अपना शरीर पूरी तरह लपेट देने को कहा। लेकिन सभी दरबारियों ने वही बात कही कि चादर छोटी है। इससे बादशाह का पूरा शरीर ढँक पाना असम्भव है।

अकबर के शयनकक्ष में वे तमाम दरबारी बैठे थे जो वहाँ बीरबल का स्थान पाने की कामना से आए थे और जिन्हें लगता था कि वे भी बादशाह को शासन-प्रशासन की बातों में सलाह दे सकते हैं, बेवजह अकबर उनकी अवहेलना कर केवल बीरबल से सलाह-मशवरा किया करते हैं।

जब उस चादर से कोई भी दरबारी अकबर का शरीर ढाँप नहीं सका तब अकबर ने उनसे पूछा–"तो अब आप सब यह मानते हैं न कि इस चादर से मेरा शरीर पूरी तरह ढँका नहीं जा सकता?"

"जी हाँ, जहाँपनाह! यह असम्भव है।" दरबारियों ने विश्वासपूर्वक कहा।

फिर अकबर ने उनमें से ही एक दरबारी को बीरबल को बुलाकर लाने को कहा।

थोड़ी ही देर में बीरबल उस शयनकक्ष में मौजूद था।

अकबर के कक्ष में दरबारियों का जमावड़ा देखकर बीरबल समझ गया कि जरूर ये दरबारी उसके विरुद्ध कोई चाल चल चुके हैं या चलनेवाले हैं

क्योंकि बीरबल इन दरबारियों को अच्छी तरह जानता था कि ये सब उसके प्रति ईर्ष्या का भाव रखते हैं।

तभी अकबर ने एक दरबारी से कहा–"आप इन्हें चादरवाली समस्या बताइए!"

अकबर का आदेश मिलते ही उस दरबारी ने बीरबल से कहा–"बादशाह के शरीर को इस चादर से इस प्रकार ढँकना है कि उनके शरीर का कोई भी भाग बाहर निकला हुआ न हो। समस्या यह है कि चादर की लम्बाई बादशाह के शरीर से डेढ़ बित्ता छोटी है।" ऐसा कहते हुए उस व्यक्ति ने बीरबल के हाथ में चादर दे दी।

बीरबल ने चादर फैलाते हुए उस दरबारी से कहा–"कोई बात नहीं, लम्बाई ही छोटी है। चौड़ाई तो पर्याप्त है। इसमें बादशाह का पूरा शरीर अच्छी तरह ढँक ही सकता है।" और बीरबल ने अकबर के शरीर पर चादर फैलाई, फिर अकबर से कहा–"वे अपने पाँव सिकुड़ लें।"

पाँव सिकुड़ने पर बीरबल ने उन्हें भली प्रकार चादर से लपेट दिया और अकबर से कहा–"जहाँपनाह–'ताते पाँव पसारिए, जाती लम्बी सौर।' चादर छोटी है तो पाँव सीधे न करना ही आपके लिए उचित है।" इतना कहकर बीरबल भी उन दरबारियों के बीच आकर बैठ गया।

अकबर थोड़ी देर तक शैया पर पड़े रहे, फिर शैया से उठकर बाहर आए और दरबारियों से कहा–"अब तो आप लोग समझ चुके होंगे मेरी पसन्दगी-नापसन्दगी या जरूरत का कारण?"

दरबारियों ने अपना सिर झुका लिया और अकबर ने उन्हें अपने कक्ष से जाने के लिए कह दिया।

दो गधों का बोझ

एक बार अकबर अपने बेटे के साथ तफरीह के लिए निकले। राजधानी से बाहर जाने का कार्यक्रम उन्होंने बहुत दिनों के बाद बनाया था। उन्होंने बीरबल को इस यात्रा में अपने साथ ले लिया था। उनकी मंशा थी कि बीरबल जैसा व्यक्ति साथ रहेगा तो बाप-बेटे दोनों का जी बहलता रहेगा।

घोड़े पर सवार होकर वे लोग जा रहे थे। रास्ते में एक जंगल आया। घोड़े थक गए थे।

अकबर ने बीरबल से कहा—"बीरबल! सिर पर सूरज है और घोड़े थक गए हैं। हम लोग इस जंगल में कहीं अच्छी जगह देखकर विश्राम कर लें। घोड़ों को भी थोड़ा आराम कर लेने दें। इस बीच घोड़े थोड़ा चर भी लेंगे। हम लोग भी साथ लाए भोजन से पेट भर लेंगे, फिर आगे की यात्रा करेंगे।"

बीरबल ने असमंजस-भरी निगाह से अकबर को देखा। उसकी आँखों में इनकार के भाव भी थे। अकबर ने बीरबल के मनोभावों को पढ़ते हुए कहा—"क्या मैंने कुछ गलत कह दिया?"

"नहीं, जहाँपनाह! बात गलत या सही की नहीं है। बात समय को समझने की है। यह ठीक है कि घोड़े थक गए हैं और सिर पर सूरज की झुलसाती किरणें पड़ रही हैं लेकिन यह भी तो देखिए कि हम घने जंगल में हैं। दिन रहते यदि हम जंगल पार कर जाएँ, यह अधिक उचित होगा। यदि हम सूरज ढलने का इन्तजार करेंगे तो निश्चित रूप से जंगल में ही रात हो जाएगी। यदि रात हो गई तो जंगल में कहीं भी हमें हिंस्र जीवों का सामना करना पड़ जाएगा और यह किसी भी तरह से ठीक नहीं होगा। शहजादे साथ हैं, हमें इस बात का भी खयाल रखना है।"

अकबर को बीरबल की बात उचित लगी और वे लोग यात्रा जारी रखते

हुए शाम तक जंगल के बाहर हो गए और एक पहर रात बीतने तक एक नगर में प्रवेश कर गए। नगर में एक धनिक की सराय में तीनों टिक गए। घोड़ों को सराय के अस्तबल में बाँध दिया।

दूसरे दिन अकबर, बीरबल और शहजादा तीनों पैदल ही नगर भ्रमण के लिए निकले। ऐसा इन लोगों ने घोड़ों को पूर्ण विश्राम देने की नीयत से किया।

रास्ते में अकबर को एक बाजार में कुछ चीजें पसन्द आईं, अकबर ने उन्हें खरीद लीं। इसके बाद शहजादे को भी कुछ चीजें पसन्द आईं। उसने भी उन्हें खरीद लीं। कुछ दूर चलने के बाद अकबर ने अपने हाथ की चीजें बीरबल को थमा दीं। बीरबल उन्हें थामे चलने लगा। थोड़ी ही देर में शहजादे के भी हाथ दुखने लगे। उसने भी अपनी चीजें बीरबल को थमा दीं। बीरबल दोनों के सामान अपने कन्धों पर लादे चलने लगा और भला वह करता भी क्या!

उसकी हालत देखकर अकबर ने उसे छेड़ा–"बीरबल! अब तो तुम पर एक गधे का बोझ है?"

बीरबल ने मुस्कुराते हुए कहा–"एक नहीं, दो गधों का!"

अकबर उसकी बात सुनकर झेंप गए।

दूध का दूध, पानी का पानी

बात उन दिनों की है जब बीरबल को अकबर के शाही दरबार की अमलदारी बख्शी जा चुकी थी। अपनी हाजिरजवाबी और मौजूं बातों के कारण बीरबल ने अकबर का दिल जीत लिया था। उन दोनों के बीच हँसी-मजाक भी होने लगा था। आवश्यकता पड़ने पर अकबर निजी सन्दर्भों में भी बीरबल से सलाह लेने लगे थे। अकबर और बीरबल के बीच बादशाह और अमलदार जैसा रिश्ता कम और एक दोस्त जैसा रिश्ता ज्यादा था।

एक दिन बादशाह अकबर अपने दरबार में आम नागरिकों का दुख-दर्द सुन रहे थे कि तभी महल से खबर आई--बेगम उनसे मिलना चाहती हैं। बीरबल ने देखा, जिस बेगम को अकबर बहुत चाहते थे, उसी के महल का सुरक्षा प्रहरी यह सन्देश लेकर आया था।

अकबर ने उस सुरक्षा प्रहरी से कहा–"उन्हें इत्तिला भेज दो कि हम अभी आते हैं।"

वह प्रहरी वहाँ से चला गया और बीरबल के होंठों पर यूँ ही मुस्कान खेल गई जिसे अकबर ने देख लिया।

अकबर फिर अपनी रियाया का दुख-दर्द सुनने लगे। थोड़ी ही देर के बाद फिर उसी बेगम का पैगाम आ गया। इस बार बादशाह अकबर ने उससे कहा–"चलो! मैं आता हूँ।"...और शीघ्र ही अपने आसन से उठ गए।

बादशाह की हड़बड़ाहट देखकर बीरबल को हँसी आ गई जिसे बेगम के पास जाते-जाते भी बादशाह ने देख लिया और बीरबल की हँसी को अपना अपमान माना। उन्होंने बीरबल को बुलाकर बिना कोई जवाब-तलब किए हुक्म दिया–"बीरबल! तुम मेरे राज्य से दफा हो जाओ। अब कभी

भी तुम इस राज्य की मिट्टी पर दिख गए तो समझो, तुम्हारी खैर नहीं।"

अकबर की क्रोध से उबलती आँखों को देखकर बीरबल ने बिना किसी हील-हुज्जत के आदेश-पालन में ही अपनी भलाई समझी।

बीरबल को सजा सुनाए अभी दो-चार दिन ही बीते थे कि अकबर के सामने एक बच्चे के लिए झगड़ती दो माताओं का एक ऐसा विवाद सामने आया जिसे सुलझाने के लिए अकबर को बीरबल की आवश्यकता महसूस हुई। मगर बीरबल को तो उन्होंने राज्य-निकाला दे रखा था। मन-ही-मन अकबर ने खुद को बहुत कोसा। मगर इस तरह पश्चात्ताप करने से तो समस्या का समाधान हो नहीं सकता था। अकबर ने सेवकों को बीरबल के आवास पर भेजा। मगर बीरबल वहाँ नहीं मिला और न यह जानकारी मिली कि वह कहाँ गया है और कब लौटेगा। बीरबल के आवास से लौटे सेवकों की बातें सुनकर अकबर का मन चिन्तित हो उठा कि न जाने बीरबल कहाँ गया होगा...न जाने किस हाल में होगा!

बच्चेवाली समस्या को फिलहाल उन्होंने इस तरह निपटाया था कि बच्चे की परवरिश की व्यवस्था राज्य की ओर से कर दी थी और उसकी माँ होने का दावा करनेवाली दोनों औरतों को एक सप्ताह बाद आने को कह दिया था। उलझन फिलहाल टल गई थी मगर बादशाह होने के कारण अकबर इस बात के लिए चिन्तित थे कि जब फरियाद लेकर दोनों औरतें फिर उनके पास आएँगी तब उनमें बच्चे की असली माँ का पता वे कैसे लगाएँगे और कैसे उचित न्याय दे पाएँगे।

इसी उधेड़बुन में अकबर का दिमाग लगा हुआ था। शाम को महल की छत पर टहलते हुए भी इसी समस्या पर विचार कर रहे थे कि अचानक उनकी दृष्टि महल के सामने, राज-मार्ग पर गई। उन्होंने देखा कि बीरबल मिट्टी से लदी एक बैलगाड़ी पर बैठा हुआ है और गाड़ीवान बैलगाड़ी हाँक रहा है। इस अजीबो-गरीब मंजर को देखकर अकबर हैरत में पड़ गए और प्रहरियों को भेजकर बैलगाड़ी रुकवा ली और बीरबल को महल की छत पर ही आकर मिलने का आदेश भिजवाया।

मगर बीरबल ने उस प्रहरी से कहा–"तुम बादशाह सलामत से जाकर

कहो कि मैं उनके हुक्म ही तामील कर रहा हूँ। यदि मैं इस बैलगाड़ी से उतरा तो उनके हुक्म की उदूली होगी। यह गुस्ताखी मैं कदापि नहीं करूँगा।''

अकबर तक जब बीरबल की यह बात पहुँची तब ये गुस्से से बेकाबू हो गए और पैर पटकते हुए छत से उतरकर बैलगाड़ी के पास पहुँचे...क्रोध से उफनते हुए उन्होंने बीरबल से कहा–''मैंने तुम्हें बैलगाड़ी पर रहने का आदेश तो नहीं दिया था कि इससे उतरते तो मेरे हुक्म की उदूली होती? मैंने तो कहा था कि इस राज्य की मिट्टी पर तुम्हारे पाँव नहीं देखना चाहता और पाँव तो क्या, पूरी बैलगाड़ी के साथ तुम मेरे महल के आगे मौजूद हो! बताओ, तुम्हारे साथ क्या सलूक करूँ?''

बेखौफ बीरबल बादशाह की तरफ देखकर मुस्कुराया और बोला–''गरीबपरवर! गुस्ताखी माफ हो! इस बैलगाड़ी पर जो मिट्टी लदी है, वह पड़ोसी राज्य की है। जब आपने आदेश दिया तब ही मैं पड़ोसी राज्य के लिए इस बैलगाड़ी पर रवाना हो गया और बैलगाड़ी पर उस राज्य की मिट्टी लादकर ले आया। अब इसी मिट्टी पर मेरा रैन-बसेरा है। मैं इस बैलगाड़ी से उतरता ही नहीं कि आपके राज्य की मिट्टी पर खड़े होने की बात हो। ऐसे में मैं कतई दोषी नहीं। आपके द्वारा सुनाए गए फरमान का मैं अक्षरशः पालन कर रहा हूँ।''

बीरबल की बात सुनकर अकबर को हँसी आ गई और उन्होंने हँसते हुए कहा–''चलो, मान गए कि तुमने मेरे हुक्म की तामील की है। अब मैं अपना हुक्म वापस लेता हूँ। तुम सामान्य ढंग से अपने कार्य पर वापस आ जाओ।''

बादशाह का आदेश पाते ही बीरबल अपने कार्य पर वापस आ गया।

अकबर ने एक बच्चे की दावेदार दो माताओंवाली उलझन बीरबल को बता दी।

बीरबल ने मुस्कुराते हुए कहा–''कोई चिन्ता की बात नहीं है जहाँपनाह! आने दीजिए दोनों औरतों को। मैं सही माँ को पहचानकर बच्चा उसको सौंप दूँगा।''

निर्धारित तिथि को दोनों औरतें अकबर के दरबार में पहुँचीं और बच्चे की माँग करने लगीं। अकबर ने उन दोनों महिलाओं को बीरबल के पास भेज

दिया।

बीरबल ने दोनों औरतों की गुहार सुनी। दोनों की गुहार सुनने के बाद यह कह पाना मुश्किल था कि दोनों में से कौन सही और कौन गलत है।

अन्ततः बीरबल ने दोनों औरतों को बादशाह अकबर के सामने पेश होने का आदेश दिया और स्वयं भी बादशाह के पास पहुँचा।

बादशाह अकबर ने बीरबल से पूछा—"क्यों बीरबल! हो गया फैसला?"

"जहाँपनाह! बच्चे को यहीं मँगवा लें। बड़ा जटिल फैसला है। मैं चाहता हूँ कि फैसला आपके सामने करूँ और उस फैसले पर अमल भी आपके सामने ही हो।"

अकबर ने बच्चे को अपने पास मँगवा लिया। तब तक दोनों औरतें भी बादशाह के दरबार में पहुँच गईं।

बीरबल ने बहुत नाटकीय ढंग से अकबर से कहा—"जहाँपनाह! मैंने दोनों औरतों की बातें सुनीं। दोनों की ही बातों से लगता है कि ये दोनों औरतें इस बच्चे से बेइन्तहाँ मुहब्बत करती हैं। अब यह कह पाना तो बहुत मुश्किल है कि बच्चा किसकी कोख से जन्मा है मगर अब इस गहराई में जाने की जरूरत नहीं। मैंने तय किया है कि इस बच्चे को बराबर-बराबर दो टुकड़ों में बाँटकर इन दोनों औरतों को एक-एक टुकड़ा दे दिया जाए। किस्सा खत्म!"

बीरबल ने अभी अपनी बात भी खत्म नहीं की थी कि दोनों औरतों में से एक औरत व्याकुल होकर चीख पड़ी—"नहीं गरीबपरवर, नहीं! यदि आपके दरबार का यही न्याय है तो मुझे न्याय नहीं चाहिए! मैं इस बच्चे पर अब अपना दावा छोड़ती हूँ। इसे इसी औरत को सौंप दीजिए! मैं नहीं हूँ इस बच्चे की माँ...यह बच्चा मेरी औलाद नहीं है!" ऐसा कहकर वह औरत वहीं बैठकर फफक-फफककर रोने लगी।

बीरबल ने सिपाहियों को आदेश दिया—"दूसरी औरत को ले जाकर कारागार में डाल दो।"

सिपाहियों ने दूसरी औरत को पकड़ लिया और उसे कारागार की ओर ले जाने लगे।

बीरबल ने फिर कहा—"जहाँपनाह! यह जो रोनेवाली औरत है वही इस बच्चे की माँ है। कोई भी माँ अपने बच्चे को मरता नहीं देख सकती। जब

मैंने बच्चे को तलवार से दो बराबर टुकड़ों में काटने की बात कही तब यह औरत आर्तनाद कर उठी। इसके रुदन में इसका ममत्व स्वाभाविक रूप से छलक पड़ा। आप चाहें तो इस बच्चे को इसकी माँ को सौंप सकते हैं।''

बीरबल के इस न्याय से अकबर प्रभावित हुए और अपने गले से मोतियों की एक माला उतारकर बीरबल के गले में डालते हुए कहा– ''बीरबल! तुमने तो दूध का दूध, पानी का पानी कर दिया। मैं तुम्हारे न्याय की सराहना करता हूँ।''

अकबर ने उस बच्चे को उसकी असली माँ को सौंप दिया।

दूज का चाँद

अकबर जब अपनी सल्तनत का विस्तार कर रहे थे तब उन पर जंग जीतने की दीवानगी सी छाई हुई थी। अपने साम्राज्य को विकसित करने के लिए अकबर ने पूरब, पश्चिम, उत्तर, दक्षिण—चारों दिशाओं में सामरिक प्रयास किए और देखते-देखते सब राजे-रजवाड़ों को अपने अधीन कर लिया। अपने समय में दबंग समझे जानेवाले राजा भी अकबर की ताकत का लोहा मानते थे। कई राजाओं के पास तो अपने दूत भेजकर ही अकबर ने किला फतह कर ली थी। स्थिति यह बन गई थी कि हर ओर अकबर की तूती बोलती थी।

अकबर की सामरिक शक्ति की चर्चा दूर देश काबुल तक पहुँची और काबुल के बादशाह को जब अकबर की दरियादिली और कलापसन्दगी के बारे में जानकारी मिली तब वह दिल्ली से राजनयिक सम्बन्ध बनाने के लिए लालायित हो उठा। एक दिन काबुल के बादशाह ने अकबर के पास अपना दूत भेजकर उन्हें दोस्ती का पैगाम दिया।

अकबर ने काबुल के बादशाह के पैगाम पर भरे दरबार में प्रसन्नता जताई और काबुल के दूत का खूब सत्कार किया। अकबर ने अपने दरबारियों को गुप्त सन्देश भेजकर ताकीद की कि काबुल के बादशाह द्वारा भेजे गए दूत के साथ वे लोग इस तरह पेश आएँ मानो खुद सुल्तान हों। इस तरह दूत जिस किसी भी दरबारी से मिलता उसके वैभव और उसके प्रभाव को देखकर दंग रह जाता। दिल्ली दरबार की दरियादिली भी दूत को एक दिन देखने को मिली।

दूत के सम्मान में अकबर ने अपने महल में एक सांस्कृतिक कार्यक्रम और शाही भोज का आयोजन करवाया। इस कार्यक्रम में हिन्दुस्तान भर के

राजे-महाराजे, अमीर और साहूकार खास तौर से आमंत्रित किए गए। सांस्कृतिक कार्यक्रम के दौरान कलाकारों को खूब बख्शीशें दी गईं।

वैभव का ऐसा प्रदर्शन काबुल के दूत ने कभी देखा न था। भोज में भी इतने तरह के व्यंजन परोसे गए कि दूत चकित रह गया।

बाद में अकबर ने दूत को काफी भेंट देकर विदा किया।

बीरबल को अकबर की यह अदा भा गई। उसने दिल खोलकर अकबर की प्रशंसा की और कहा–"जहाँपनाह, उस दूत को बिना कुछ कहे अपने शौर्य, प्रभाव और सामर्थ्य का प्रदर्शन करके आपने अद्भुत कूटनीतिक होने का प्रमाण दे दिया है। अब कभी भी, कोई भी मुगलिया सल्तनत का नाम लेकर काबुल के दरबार में जाएगा तब वहाँ का बादशाह उसे सिर-आँखों पर बैठाएगा। कभी किसी बैरी से काबुल के बादशाह को हाथ मिलाने की हिम्मत नहीं होगी। वह चाहकर भी कभी बादशाह अकबर की मुखालफत नहीं कर सकेगा।"

अकबर ने मुस्कुराते हुए कहा–"तुमने ठीक समझा है बीरबल! मैंने सोचा कि जब काबुल से दोस्ती का पैगाम आया ही है तो उसे क्यों न स्वीकार कर लें! इस दोस्ती के पैगाम में तो यही भाव छुपा था न कि हम आपको नहीं छेड़ेंगे। आप भी हमें अमन से रहने दें। मैंने दूत के साथ जो कुछ भी किया उसमें यह बताने की कोशिश थी कि हमारे साथ रहोगे तो वैभवपूर्ण जीवन होगा...और कभी नीयत में खोट आई तो हमारी भी सामर्थ्य पहचान लो!" थोड़ी देर चुप्पी रही। इसके बाद अकबर ने फिर कहना शुरू किया–"बीरबल! काबुल के बादशाह का पैगाम आना एक सामान्य राजनीतिक बात भी हो सकती है लेकिन हो सकता है कि इसका कोई पोशीदा कारण भी हो! मैं और किसी पर इस सन्दर्भ में भरोसा नहीं करता। बेहतर होगा कि तुम काबुल जाने की तैयारी करो और वहाँ काबुल के बादशाह से मिलकर उसकी मंशा जानो। उस देश की जमीनी हकीकतों का जायजा लेकर वापस आओ।"

बीरबल को अकबर की बातें एक ओजस्वी राजा की दूरगामी सतर्कताओं का अहसास करा रही थीं। बीरबल ने सोचा कि अकबर की यही विशेषता उन्हें लगातार मजबूत और सशक्त शासक बनाती जा रही है। बीरबल काबुल जाने की तैयारी में जुट गया।

दो दिनों में ही बीरबल ने अपने काबुल जाने की तैयारियाँ पूरी कर लीं और बादशाह अकबर से मिलने उनके दरबार में पहुँच गया।

अकबर ने दरबार में घोषणा की–"बीरबल को मुगलिया सल्तनत का दूत बनाकर काबुल भेजा जा रहा है। बीरबल वहाँ काबुल के बादशाह के मैत्री सन्देश के सन्दर्भ में खुलासा करेंगे कि हमने काबुल के बादशाह की पेशकश पर विचार किया है तथा उसे स्वीकार करने के योग्य पाया है।"

दरबारियों ने ताली बजाकर बादशाह के ऐलान का स्वागत किया।

काबुल कूच करने से पहले जब बीरबल अकबर से मिला तब उसके होंठों पर मुस्कान थी। उसने अकबर से कहा–"जहाँपनाह! मुझे आपके पैगाम का अन्दाज बहुत प्यारा लगा। दोस्ती कबूल करने में बड़प्पन का जो अहसास आपके पैगाम से होता है उसकी मिसाल खोजे नहीं मिलेगी।"

अकबर ने हँसते हुए बीरबल की पीठ थपथपाई और कहा–"तुम्हारी इसी समझ के कारण तुम्हें काबुल भेजा जा रहा है। तुम समझ चुके हो कि हमारा मकसद क्या है!"

बीरबल ने अकबर से विदा ली और काबुल के लिए रवाना हो गया।

जब काबुल के बादशाह को खबर मिली कि बादशाह अकबर का पैगाम लेकर मुगलिया सल्तनत का एक दूत उनसे मिलने की इजाजत चाहता है, तब वह खुद तख्त से उतरकर दूत की अगवानी करने पहुँच गया।

बीरबल को उसके स्वागत के अन्दाज से ही अहसास हो गया कि काबुल का बादशाह मृदु स्वभाव का है। व्यवहार से भी वह मेहमाननवाज प्रतीत हुआ। काबुल के बादशाह ने बीरबल को अपने पास ही तख्त देकर बैठाया। यह उस दरबार का सर्वोच्च सम्मान था।

जब बीरबल ने काबुल के दरबार में अकबर का पैगाम सुनाया तो तालियों की गड़गड़ाहट से जिस तरह उस पैगाम का स्वागत हुआ उससे भी प्रकट हुआ कि ये लोग वर्चस्व की नीतियों पर नहीं चलते।

इस तरह छोटी से छोटी घटना की मीमांसा करते हुए बीरबल ने अपना पहला दिन गुजारा।

दूसरे दिन बीरबल ने काबुल के बादशाह से काबुल घूमने की इच्छा

प्रकट की।

काबुल के बादशाह ने बीरबल के लिए माकूल व्यवस्था कर दी।

बीरबल ने काबुल का मुआयना किया और पाया कि काबुल के लोग बहुत साधन-सम्पन्न नहीं हैं। पहाड़ी-पथरीली बंजर-सी धरती पर वर्ष भर में वहाँ मुश्किल से एक फसल ही उगाई जाती है। इसलिए आम लोग गरीब हैं।

बीरबल को जो कुछ देखना-समझना था वह दो दिनों में ही देख-समझ चुका था इसलिए उसने काबुल के बादशाह से वापसी की इच्छा जताई किन्तु काबुल के बादशाह ने आत्मीयता से उसे दो-चार दिन और रुककर काबुल के दर्शनीय स्थलों का आनन्द उठाने को कहा। बीरबल मान गया।

जहाँ तक सम्भव हुआ, काबुल के बादशाह ने बीरबल की अच्छी खातिरदारी की। चार दिनों के बाद दरबार में बीरबल का सम्मान करने के बाद काबुल के बादशाह ने बीरबल का विदाई समारोह आयोजित किया। इस विदाई समारोह में बीरबल ने काबुल के बादशाह की तुलना पूर्णिमा के चाँद से कर दी। इससे बादशाह बहुत खुश हुआ और बीरबल को विदाई में बेशकीमती चीजें भेंट कीं।

जब बीरबल दिल्ली रवाना होने को ही था कि अचानक काबुल के बादशाह ने उससे पूछ लिया–"बीरबल! तुमने मुझे पूर्णिमा का चाँद कहा, ज्योत्स्ना से भरपूर! लेकिन अपने बादशाह को तुम क्या कहोगे?"

बीरबल ने बिना एक पल गँवाए कहा–"दूज का चाँद!"

काबुल का बादशाह बीरबल के उत्तर से बहुत प्रसन्न हुआ और अपने गले से बेशकीमती माला उतारकर बीरबल के गले में डाल दी।

अन्ततः बीरबल वहाँ से रवाना हुआ और कुछ दिनों की यात्रा करने के बाद दिल्ली पहुँचा। दूत-धर्म के नाते बीरबल सबसे पहले बादशाह अकबर से मिला और सम्पूर्ण औपचारिक सूचनाएँ देने के बाद अपने घर पहुँचा।

अपने घर पहुँचने पर उसके परिजनों ने उसे घेर लिया और काबुल-यात्रा के सन्दर्भ में उससे उत्सुकतापूर्वक पूछने लगे।

बीरबल ने उन्हें सारा वृत्तान्त सुनाया। उस समय उसके घर काम करनेवाली दासी भी मौजूद थी।

घर के एक सदस्य ने बीरबल के गले में पड़ी हीरे-जवाहरातों की माला के बारे में पूछ लिया। तब बीरबल ने घर के सदस्यों को 'पूर्णमासी का चाँद'

और 'दूज का चाँद' वाला किस्सा सुनाया और हँसते हुए कहा–"बादशाह अकबर को यदि मैंने दूज का चाँद नहीं कहा होता तो यह माला मुझे कदापि नहीं मिलती।"

बीरबल के घर की दासी के माध्यम से यह बात बाहर गई और आनन-फानन में दरबारियों के बीच चर्चा का विषय बन गई। बात बीरबल से वैर-भाव पालनेवाले दरबारियों के कानों तक भी पहुँची। उन्होंने इसे बीरबल से वैर साधने का अच्छा हथियार मानकर इसका उपयोग करने का निश्चय किया और अकबर के कान भरने चले गए।

अकबर ने जब सुना कि बीरबल ने काबुल के राजा को 'पूर्णिमा का चाँद' और अकबर की तुलना 'दूज के चाँद' से की है, तो उन्हें यह अपमानजनक लगा। उन्हें ऐसा इसलिए लगा कि ऐसा कहकर बीरबल ने उन्हें काबुल के बादशाह से कमतर बताया है। यह सोचते ही अकबर बहुत नाराज हो गए और सिपाहियों को भेजकर बीरबल को बुलवाया। बीरबल के पहुँचने पर अकबर ने उससे कहा कि दोनों बादशाहों की तुलना में उसने जो कुछ कहा है, उसे हू-ब-हू बयाँ करें।

बीरबल को समझते देर नहीं लगी कि उसके विरोधियों ने बादशाह के कान भर दिए हैं। उसने बिना कुछ छुपाए एक-एक शब्द अकबर के सामने रख दिए।

बीरबल का काबुल-वृत्तान्त सुनने के बाद अकबर ने पूछा–"बीरबल! तुमने मुझे 'दूज का चाँद' कहकर काबुल के बादशाह के सामने कमतर कर दिया। ऐसा तुमने क्यों किया?"

बीरबल इस प्रश्न के लिए तैयार था। उसने कहा–"जहाँपनाह! दूज का चाँद देखने के लिए हिन्दू-मुसलमान दोनों तरसते हैं। दोनों धर्मों में दूज के चाँद का विशेष महत्त्व है। ऐसे भी दूज का चाँद लगातार बढ़ने की प्रवृत्ति रखता है। पूर्णिमा का चाँद बड़ा तो होता है मगर वह बढ़ता नहीं, घटता ही जाता है। अब आप स्वयं सोचें कि मैंने दूज का चाँद कहकर आपकी तारीफ की है या नहीं?"

बीरबल की बात सुनकर अकबर खुश हो गए। उनकी नाराजगी जाती रही।

दवात का पानी

एक बार एक मनचला किसान अपनी बैलगाड़ी से मेरठ से दिल्ली आ रहा था। दिल्ली में उसे कुछ काम था। उसने सोचा था कि दिल्ली में अपना काम निबटाकर वह अपनी बैलगाड़ी में खाद और बीज खरीदकर मेरठ ले आएगा और कुछ बीज और खाद का इस्तेमाल अपने खेतों में करके शेष बीज और खाद बेचकर कुछ पैसे कमा लेगा। यह किसान अपनी इसी वणिक प्रवृत्ति के कारण पैसेवाला बन गया था और मनचला होने के कारण धन-लोलुप स्त्रियों को अपना शिकार बना लेता था।

किसान मेरठ से थोड़ी दूर ही आगे बढ़ा था कि उसे एक व्यापारी अपनी पत्नी के साथ पैदल ही दिल्ली की ओर जाता दिखा। व्यापारी की पत्नी बहुत खूबसूरत थी। किसान ने जैसे ही उस औरत को देखा, उसका मन मचल उठा। उसने व्यापारी के पास अपनी बैलगाड़ी रोक दी और बहुत प्रेम से व्यापारी से बोला–''कहाँ जा रहे हो शाह जी?''

व्यापारी ने कहा–''दिल्ली के निकट हमारा गाँव है बसन्तपुर, वहीं जा रहा हूँ।''

किसान को वह व्यापारी थोड़ा बुद्धू किस्म का लगा। उसने फिर व्यापारी से कहा–"धूप कड़ी है। तुम चाहो तो अपनी पत्नी को बैलगाड़ी में बिठा दो। धूप कड़ी न होती तो मैं तुम्हें भी बैलगाड़ी में बैठाकर अपने साथ ले चलता। मगर तुमको बिठाने से मेरे बैल परेशान हो जाएँगे।''

व्यापारी ने सोचा–'चलो कोई बात नहीं, मैं नहीं, न सही, पत्नी तो गाड़ी में सफर कर लेगी। दोनों जने थकें, यह कहाँ की बुद्धिमानी होगी!' उसने फिर सोचा–'यह किसान जरूर भला आदमी है वरना आज के जमाने में कौन किसी राहगीर की मदद करता है!'

व्यापारी ने खुशी-खुशी अपनी पत्नी को बैलगाड़ी में बिठा दिया।...और किसान अपनी बैलगाड़ी में बैठी व्यापारी की सुन्दर पत्नी का मन मोहने के तिकड़म करने लगा। थोड़ी ही देर में किसान को समझ में आ गया कि इस महिला का पति न केवल बुद्धू है बल्कि बेहद कंजूस भी है और उसकी कंजूसी के कारण यह महिला उसके साथ रहना पसन्द नहीं करती है।

इतना संकेत मिलना था कि मनचले किसान ने बैलों को थोड़ा तेज दौड़ाना शुरू किया और अपनी दरियादिली की कहानी उस महिला को सुना-सुनाकर उसे प्रभावित करने में लग गया। थोड़ी देर के बाद उसने अपनी अंटी से स्वर्णमुद्राएँ निकालकर महिला को दीं और कहा–"जरा गिनकर बताओ, कितनी हैं। इन पैसों से मुझे अपने खेत के लिए खाद और बीज खरीदने हैं। अकेला आदमी हूँ, क्या-क्या करूँ? चलते समय पैसे गिन नहीं पाया। घर में भी जो धन पड़ा हुआ है उसे भी सँभालनेवाला कोई नहीं है। सोचता हूँ कि तुम जैसी किसी सुन्दरी का हाथ थाम लूँ, पर कभी कोई मिली नहीं। आज तुम मिली हो तो तुम्हारे पीछे-पीछे यह बन्दर भी भागा आ रहा है।"

अपने पति के लिए 'बन्दर' शब्द के प्रयोग से महिला को हँसी आ गई। दरअसल वह अपने पति से बहुत चिढ़ी हुई थी। महिला ने कहा था कि मेरठ से बसन्तपुर पैदल जाना आसान नहीं है–चलना है तो वाहन ले लो, मगर कंजूस व्यापारी ने यह कहकर वाहन का प्रस्ताव टाल दिया कि ठीक से चलेंगे तो देर रात तक बसंतपुर पहुँच ही जाएँगे। वाहन में खर्च करने से क्या फायदा? दो पैसे बचेंगे तो कुछ काम आएँगे। अपने पति के इसी व्यवहार से वह खिन्न थी।

महिला की हँसी सुनकर मनचले किसान का हौसला कुछ और बुलन्द हो गया। उसने बैलों को कुछ और तेज भगाना शुरू किया और उस महिला पर डोरे डालते हुए कहा–"सच कहूँ तो तुम जैसी हसीना मेरे साथ रहने के लिए तैयार हो जाए तो मैं उसे सोने-चाँदी से लाद दूँगा। हाँ, तुमने स्वर्णमुद्राएँ गिन ली हों तो बताओ कि कितनी हैं?"

उस महिला ने कहा–"पूरे ढाई सौ हैं। इतनी स्वर्णमुद्राओं के खाद और बीज खरीदोगे? तुम्हारे पास कितना खेत है?"

मनचले को शेखी बघारने का मौका मिला तो कह गया–"कभी मापने

की जरूरत ही नहीं पड़ी। यह सब काम तो मेरा मुनीम देखता है। मुझे फुर्सत ही कहाँ रहती है! यदि तुम मेरे साथ चलो तो मेरा अकेलापन भी दूर हो जाएगा और मेरे बिखरे वैभव को सहेजनेवाला हाथ भी मिल जाएगा। बोलो, क्या कहती हो?"

औरत कुछ बोली नहीं। इस प्रस्ताव से उसका मन डोल रहा था।

अब किसान में महिला के प्रति आसक्ति बढ़ चुकी थी और मन में साहस का संचार होने लगा था। उसने आव देखा न ताव, ताबड़तोड़ दो-चार डंडे बैलों पर चला दिए तर-तर-तर! और बैल बेसाख्ता भागने लगे।

बैलगाड़ी को इस तरह तेज भागते देखकर महिला का व्यापारी पति दौड़ने लगा और चीख-चीखकर कहने लगा—"मेरी पत्नी को बैलगाड़ी से उतार दो!"

मगर किसान ने उसकी आर्तनाद अनसुनी कर दी। उसकी बैलगाड़ी तेज रफ्तार में भागती रही और धीरे-धीरे व्यापारी की आँखों से ओझल हो गई।

संयोग की बात है कि बीरबल भी अपने घोड़े पर सवार होकर उसी राह से दिल्ली लौट रहा था। रास्ते में उसे वह व्यापारी रोता-बिलखता मिल गया। बीरबल ने उससे रोने का कारण पूछा तब व्यापारी ने बीरबल से अपनी रामकहानी सुनाई और बीरबल से गुहार लगाई—"किसी भी तरह मुझे मेरी पत्नी से मिलवा दें...उसके बिना मेरा जीना असम्भव है।"

बीरबल ने उस व्यापारी को अपने घोड़े पर बैठा लिया और घोड़ा दौड़ाता हुआ वह दिल्ली की ओर बढ़ने लगा।

मनचले किसान ने व्यापारी को चकमा देने के उद्देश्य से मुख्य मार्ग से बैलगाड़ी हटा ली थी जिसके कारण बीरबल को वह बैलगाड़ी रास्ते में कहीं भी नहीं दिखी।

दिल्ली पहुँचकर बीरबल ने व्यापारी के बयान के आधार पर एक मामला दर्ज करवा दिया और अगवा की गई महिला की बरामदगी का आदेश जारी कर दिया।

व्यापारी यह सब देखकर सन्तुष्ट हो गया कि अब उसकी पत्नी बरामद हो जाएगी और उसे अगवा करनेवाले को कानून के अनुसार दंड भी मिलेगा।

कुछ ही घंटों के प्रयास में रंगरूटों ने मनचले किसान को महिला व बैलगाड़ी सहित अपनी गिरफ्त में ले लिया और उन्हें लेकर अकबर के दरबार में पहुँच गए जहाँ बीरबल उस महिला के व्यापारी पति के साथ उनकी प्रतीक्षा कर रहा था।

रंगरूटों ने मनचले किसान को बीरबल के सम्मुख प्रस्तुत किया। मगर वह किसान यह मानने के लिए तैयार ही नहीं था कि उसने किसी की पत्नी को अगवा किया है।

उसका कहना था कि वह अपनी पत्नी के साथ मेरठ से दिल्ली कुछ खरीदारी करने के लिए आया है। उसकी पत्नी के पास दो-ढाई सौ स्वर्णमुद्राएँ इसी खरीदारी के लिए हैं। यदि उसकी बात पर किसी को यकीन नहीं हो तो उसकी पत्नी के पास वे स्वर्णमुद्राएँ देखी जा सकती हैं। उस किसान का यह भी कहना था कि वह मेरठ का एक सम्मानित किसान है और उसके साथ अपराधियों जैसा व्यवहार किया जाना उचित नहीं है। ऐसा व्यवहार उसकी पत्नी के कोमल मन पर भी ठेस पहुँचाएगा और उसकी सामाजिक गरिमा भी इससे प्रभावित होगी।

जिस समय मनचला किसान अपने पक्ष में बीरबल के सामने दलीलें दे रहा था उस समय व्यापारी की पत्नी चुपचाप बैलगाड़ी में बैठी हुई थी। अन्ततः बीरबल ने तय किया कि अब यह विवाद महिला के बयान से ही सुलझ सकता है। वही बताएगी कि उसका वास्तविक पति कौन है—व्यापारी या किसान!

बीरबल ने रंगरूटों को आदेश दिया—"जाओ! जाकर बैलगाड़ी से उस महिला को उतारकर लाओ।"

महिला को बैलगाड़ी से उतारकर उसे बीरबल के सम्मुख पेश किया गया। बीरबल ने उस महिला से पूछा—"बताओ! इन दोनों मर्दों में से तुम्हारा पति कौन है?"

महिला ने बीरबल के प्रश्न का कोई उत्तर नहीं दिया।

उस समय दरबार में अकबर भी आ चुके थे। बादशाह अकबर को इस सारी घटना की जानकारी बीरबल ने दे दी। उसके बाद बादशाह के निर्देश पर बीरबल ने मामले की सुनवाई फिर शुरू की।

बार-बार कहने पर भी जब महिला ने उन दोनों में से किसी की भी

अपने पति के रूप में पहचान नहीं की तब बीरबल ने अचानक अपनी मेज से दवात उठा ली और उस महिला को देते हुए कहा–"जाओ, इस दवात में पानी डालकर लाओ!"

महिला दवात लेकर गई और उसमें जरूरत के मुताबिक पानी डालकर ले आई।

उस दवात की स्याही से बीरबल ने एक कागज पर लिखा–'व्यापारी ही इस महिला का वास्तविक पति है। यदि ऐसा नहीं होता तो यह महिला दवात में स्याही के अनुपात में पानी नहीं डाल पाती। व्यापारी के घर में खाता-बही लिखने के लिए दवात-कलम का उपयोग होता है इसलिए यह दवात में स्याही के मुताबिक पानी मिलाना जानती है। किसान की पत्नी होती तो दवात को पानी से भरकर लाती। उसे स्याही बनाने की जरूरत या दवात की उपयोगिता का ज्ञान ही नहीं होता!' इतना लिखकर बीरबल ने कागज अकबर की ओर बढ़ा दिया।

अकबर ने कागज पर लिखी इबारत पढ़ी और उन्होंने मामले में हस्तक्षेप करते हुए रंगरूटों से कहा–"किसान को दस कोड़े मारो, सारी सच्चाई निकलकर बाहर आ जाएगी!"

सड़ाक! सड़ाक!–अभी दो ही कोड़े पड़े थे कि किसान ने सच्चाई उगल दी।

अकबर ने व्यापारी की पत्नी को फटकार लगाई और उसे अपने पति के साथ जाने को कह दिया और मनचले किसान को गिरफ्तार कर रंगरूटों ने कारागार में डाल दिया।

प्यारी चीज

बादशाह अकबर की कई बेगमें थीं। बड़ी बेगम की वे बहुत इज्जत करते थे। बड़ी बेगम बहुत समझदार थीं। बादशाह उनसे सियासत की बातें भी करते और जरूरत पड़ने पर सत्ता की उलझनों पर भी चर्चा करते।

बादशाह की छोटी बेगम बहुत खूबसूरत थी। अकबर उस पर फिदा थे। उसे दिलोजान से चाहते थे। जब भी उन्हें तबीयत बहलाने की जरूरत महसूस होती वे छोटी बेगम के पास चले जाते। छोटी प्यारी बेगम को बादशाह 'प्यारी बेगम' कहकर बुलाते थे।

जैसा कि महलों में सदियों से होता आया है, वैसा ही अकबर के महलों में भी हो रहा था। बेगमों में होड़ सी लगी रहती थी कि बादशाह उसके महल में अधिक दिनों तक रुकें। बादशाह को रिझाने के लिए बड़ी-बड़ी चालें चली जातीं। बादशाह महल की अन्दरूनी सच्चाइयों से वाकिफ थे।

इसी तरह की रस्साकशी के बीच 'प्यारी बेगम' किसी बेगम की साजिश का शिकार हो गई और बादशाह अपनी इस प्यारी बेगम पर इस हद तक नाराज हो गए कि उसे हुक्म सुना दिया कि अब तुम्हें जहाँ जाना है, जाओ! इस महल में जो भी चीज तुम्हें प्यारी हो, उसे उठाओ और यहाँ से जितनी जल्दी हो, दफा हो जाओ।

बादशाह का ऐसा हुक्म सुनकर प्यारी बेगम जैसे आसमान से गिरी। उसे सपने में भी यकीन नहीं था कि कभी बादशाह उसे इस कदर जलील कर महल से निकल जाने को कहेंगे। उसने बादशाह को मनाने की कोशिशें कीं पर बादशाह टस से मस नहीं हुए। उसकी तमाम मिन्नतें अकारथ गईं। अन्त में हुक्म उदूली के जुर्म से बचने के लिए उसने महल त्यागने का निर्णय ले लिया।

बीरबल किसी काम से उसी दिन प्यारी बेगम के महल में आया हुआ था। उसे इस बात का कतई इल्म नहीं था कि बादशाह ने प्यारी बेगम को महल से दूर चले जाने का फरमान सुना दिया है। बीरबल अपने सामान्य उमंग में महल में इधर-उधर आ-जा रहा था। उसने महसूस किया कि महल में मातमी माहौल है। कनीजें उदास हैं। उसे समझ में नहीं आया कि माजरा क्या है! तभी उसकी नजर प्यारी बेगम के कमरे की तरफ गई तो वहाँ एक विचित्र सा मंजर उसे दिखाई पड़ा। प्यारी बेगम सुबक-सुबककर रो रही थी और अपने सामान समेट रही थी। बक्से, सन्दूकची आदि इधर-उधर बिखरे पड़े थे। बीरबल को समझते देर नहीं लगी कि जरूर कुछ ऐसा घटित हुआ है जिससे 'प्यारी बेगम' पीड़ित हुई हैं और महल छोड़ने की तैयारी कर रही हैं।

बीरबल को प्यारी बेगभ से बहुत लगाव था क्योंकि प्यारी बेगम निष्कपट, भोली और बेहद मासूम थी। अन्य बेगमें तरह-तरह की साजिशें रचकर या स्वाँग करके बादशाह को अपने करीब लाने के प्रयास में लगी रहती थीं, प्यारी बेगम वैसा कुछ भी नहीं करती थी। बादशाह की अन्य बेगमों के प्रति उसके मन में सम्मान भाव था। वह कभी किसी बेगम का अहित नहीं चाहती थी। उसकी यही आदतें बादशाह को पसन्द आती थीं।

प्यारी बेगम के कमरे में झाँकने के बाद बीरबल उससे मिलने के लिए बेचैन हो उठा और लम्बे डग भरता हुआ प्यारी बेगम के कक्ष के समक्ष जा पहुँचा।

प्यारी बेगम ने जब बीरबल को अपने कक्ष के द्वार पर देखा तो उसके धैर्य का बाँध टूट गया और वह हिचकियाँ ले-लेकर रो पड़ी। दुख की घड़ी में अपना सा कोई चेहरा सामने आते ही संकोच के सारे पर्दे ध्वस्त हो जाते हैं। प्यारी बेगम के साथ भी ऐसा ही हुआ।

बीरबल ने उसे सान्त्वना देकर चुप कराया और उससे रोने का कारण पूछा।

प्यारी बेगम ने सुबकते हुए कहा—"मेरा यहाँ कोई नहीं है, तुम मेरे भाई के समान हो बीरबल, इसलिए मैं तुम्हें निःसंकोच अपनी पीड़ा बताऊँगी। आलीजाह ने मुझे यह महल छोड़कर कहीं भी चले जाने का हुक्म सुना दिया है। अब तुम ही बताओ, मैं कहाँ जाऊँ? आलीजाह के

प्यार की दीवानी मैं, इस तरह की स्थिति की कभी कल्पना भी नहीं की थी। तुम ही सोचो, यदि मैं मायके भी जाती हूँ तो वहाँ लोग क्या कहेंगे? मेरे चले जाने के बाद जब बादशाह सलामत की तबीयत नाशाद होगी तब वे कहाँ जाएँगे? मैं कुछ भी समझ नहीं पा रही हूँ।" इतना कहने के बाद प्यारी बेगम फिर रोने लगी।

बीरबल को अब तक प्यारी बेगम की समस्या का अन्दाज लग चुका था। उसने प्यारी बेगम को ढाढ़स बँधाते हुए कहा–"बेगम साहिबा! धैर्य से काम लीजिए! आपका कुछ भी बिगड़नेवाला नहीं। आपने मुझे भाई कहा है तो इस भाई पर भरोसा भी रखिए और मुझे बादशाह सलामत के वही अल्फाज सुनाइए जिन अल्फाजों में उन्होंने आपको महल से निकल जाने का हुक्म सुनाया है।"

प्यारी बेगम ने लम्बी साँस लेकर कहा–"बादशाह सलामत ने मुझसे कहा–बहुत हो चुका प्यारी बेगम! अब तुम यहाँ से अपनी प्यारी चीजें लेकर जितनी जल्दी हो, महल से निकल जाओ। जहाँ जाना है, जाओ!"

बीरबल थोड़ी देर चुप रहा, फिर कहा–"ठीक है बेगम साहिबा! दिल को मजबूत करें और अपने मायके जाने की तैयारी करें। महल में दो पालकियाँ तैयार कराएँ। बाकी इन्तजाम मैं कर दूँगा।"

प्यारी बेगम एक बार फिर हताश-सी नजर आई। कहाँ तो उसे उम्मीद बँधी थी कि बीरबल के हस्तक्षेप से कोई ऐसी राह निकलेगी कि उसे महल नहीं छोड़ना पड़ेगा मगर यह बीरबल ही है जो उसे मायके जाने के लिए तैयार हो जाने की सलाह दे रहा है। उसने हताश स्वर में बीरबल से पूछा–"दो पालकी का क्या होगा?"

दिलासा देते हुए पुनः बीरबल ने कहा–"सब बताऊँगा, पहले जितना बताया, उतना करें। मैं थोड़ी देर में आता हूँ।" ऐसा कहकर बीरबल वहाँ से निकल गया।

प्यारी बेगम ने महल में दो पालकियाँ मँगा लीं। पालकियों को ढोने के लिए कहार बुला लिये। यह सारा इन्तजाम करके वह बीरबल की राह देखने लगी।

उसे अधिक इन्तजार करना नहीं पड़ा। बीरबल शीघ्र ही लौट आया। उसने एक पुड़िया प्यारी बेगम को थमाते हुए कहा–"बेगम साहिबा! आज

शाम को आप बादशाह के महल में जाएँ और उनसे गुजारिश करें कि अब जब आप अपना महल छोड़कर जा रही हैं तब आपकी दिली ख्वाहिश है कि जाते-जाते अपने महल में बादशाह के साथ एक गिलास शरबत पीएँ और किसी भी तरह अनुनय-विनय कर बादशाह को अपने महल में आने के लिए तैयार कर लें। जब बादशाह आ जाएँ तो उन्हें जिस गिलास में शरबत पेश करें, उसमें इस पुड़िया का चूर्ण पहले से डालकर रखें। शरबत पीते ही बादशाह को गहरी नींद आ जाएगी। आपके मायके तक का सफर कहार रात भर में तय कर लेंगे और हकीम का दावा है कि इस दवा का असर दूसरे दिन दोपहर तक रहेगा। अपने मायके पहुँचकर आप बादशाह की तीमारदारी में लग जाएँ। जब बादशाह को होश आए तब आप उनसे कह सकती हैं कि इस महल में जो आपकी सबसे प्यारी चीज थी, वह आप लेकर महल छोड़ आई हैं। इसके बाद जो होगा, देखा जाएगा।''

बेगम मासूम तो थी ही, बीरबल की सलाह पर अमल करना उसे कठिन लग रहा था। इसलिए उसके चेहरे पर असमंजस के भाव थे जिन्हें देखकर बीरबल ने कहा–''बेगम साहिबा, मैं दिल से महसूस कर रहा हूँ कि आपके साथ जो कुछ भी हो रहा है, वह अनुचित है इसलिए मैं आपका साथ दे रहा हूँ। मेरा भरोसा करें। जहाँ कहीं भी जरूरत होगी, वहाँ आप मुझे अपने साथ पाएँगी।''

बीरबल की इन बातों से बेगम में साहस का संचार हुआ और वह पूरी तन्मयता से बीरबल की बताई योजना पर काम करने लगी। सारे इन्तजाम कर शाम को वह अकबर के महल में गई। अकबर ने उसे देखा लेकिन अकबर के चेहरे पर कोई भाव नहीं आया किन्तु जब प्यारी बेगम ने महल छोड़ने से पहले साथ में एक गिलास शरबत पीने की इच्छा व्यक्त की तो अकबर पिघल गए और वे प्यारी बेगम के साथ-साथ ही उसके महल आ गए।

प्यारी बेगम ने अपने महल में अकबर को पूरी इज्जत के साथ बिठाया और बेहद नजाकत के साथ उनके सामने शरबत पेश किया।

अकबर ने शरबत पीया। बेहद लजीज था शरबत। शरबत पीने के बाद अपनी जीभ होंठों पर फेरी। मन-ही-मन सोचा कि कितनी लज्जत थी शरबत में! ऐसी तरावट पैदा हुई है कि सोने को जी चाहता है। ऐसा

सोचते-सोचते अकबर ने पलंग का मसनद सीधा किया और उस पर लेट गए। और फिर गहरी बेहोशी की नींद में डूब गए अकबर।

प्यारी बेगम बाहर आई और कहारों को इशारा किया। कनीजों को बुलाया। देखते-देखते अकबर को एक पालकी में सुला दिया गया और दूसरी पालकी में प्यारी बेगम बैठ गई। इस तरह प्यारी बेगम की 'प्यारी चीज' के साथ मायके यात्रा शुरू हुई। बीरबल ने बादशाह और प्यारी बेगम के लिए घुड़सवारों का एक दस्ता तैयार रखा था जो दूर से ही दोनों पालकियों की निगरानी कर रहा था। इस तरह प्यारी बेगम अपनी 'प्यारी चीज' के साथ अपने मायके पहुँच गई।

मायके के लोगों ने प्यारी बेगम को इस हाल में अचानक अपने बेहोश पति के साथ आया देखा तो घबरा गए। वे प्यारी बेगम से पूछने लगे—''बताओ, क्या हुआ है?''

प्यारी बेगम ने उनसे कहा—''घबराओ नहीं, सब बताऊँगी। मगर पहले इन्हें होश में तो आने दो!''

बेहोश अकबर को पालकी से उतारा गया। कमरे में लाकर पलंग पर सुलाया गया। प्यारी बेगम भी रात भर की यात्रा में जगी रही थी इसलिए वह भी सो गई।

दोपहर में प्यारी बेगम जगी। स्नान आदि करके वह तैयार हुई और अकबर के सिरहाने बैठकर उनका सिर सहलाने लगी।

थोड़ी देर में अकबर की नींद खुल गई। पहले तो उनकी नजर प्यारी बेगम की सलोनी सूरत पर पड़ी। फिर वे मुस्कुराते हुए सोचने लगे—कितनी प्यारी है यह बेगम! कितना सकून भरा है इसके स्पर्श में कि इसके पास होने से मुझे दीन-दुनिया की चिन्ता ही नहीं रहती है। लगता है कि सारे जहाँ का सुकून इसकी गोद में भरा है। थोड़ी देर तक अकबर पलकें मूँदे प्यारी बेगम के स्पर्श का सुख महसूस करते रहे। तभी उन्हें याद आया कि उन्होंने तो प्यारी बेगम को महल से निकल जाने का हुक्म दे दिया था।...फिर अकबर को धीरे-धीरे सारी बातें याद आने लगीं—प्यारी बेगम का आना, शरबत पीने की गुजारिश करना, शरबत का लजीज स्वाद...आदि! अचानक अकबर ने अपने चारों तरफ देखा। कुछ भी पहचाना नहीं, सब कुछ अनचीह्ना, अनजाना! अकबर उलझन में पड़ गए—यह कहाँ आ गया हूँ मैं?

यहाँ कुछ भी तो ऐसा नहीं है जिसे पहले कभी देखा हो सिवा प्यारी बेगम के!

अकबर के मन में चल रही कशमकश का अन्दाज प्यारी बेगम को हो चुका था इसलिए उसने बहुत प्यार से पूछा–"क्या बात है मेरे सरताज! क्या सोच रहे हैं आप?"

"प्यारी बेगम! मैंने तो आपको महल से निकल जाने का हुक्म सुनाया था..." अकबर ने उलझन-भरे स्वर में पूछा।

"आलीजाह! मैंने हुक्म का पालन किया है। आपने हुक्म दिया था कि जो भी चीज मुझे प्यारी हो उसे लेकर मैं महल से निकल जाऊँ!...और मैंने अपनी प्यारी चीज के साथ महल का परित्याग कर दिया है...।"

"कौन-सी प्यारी चीज?" अकबर ने पूछा।

प्यारी बेगम ने अकबर के मुँह को अपनी दोनों हथेलियों में लेते हुए कहा–"मेरे सरताज! आपसे प्यारी कोई चीज उस महल में थी ही नहीं इसलिए मैं आपको लेकर महल छोड़ आई हूँ और अभी आपके साथ अपने मायके में हूँ।"

प्यारी बेगम के मुँह से निकली इन बातों ने अकबर पर जादू जैसा असर किया और वे अपना क्रोध भूल गए। थोड़ी देर तक अकबर प्यारी बेगम को मुग्ध नजरों से देखते रहे फिर बोले–"प्यारी बेगम! तुम सचमुच बहुत प्यारी हो!" इतना कहकर अकबर ने प्यारी बेगम को अपने आलिंगन में ले लिया।

...और अकबर की बाँहों में घिरी प्यारी बेगम मन-ही-मन बीरबल का शुक्रिया अदा कर रही थी।

प्रकाश का कमाल

बीरबल न तो ज्ञान का सागर था और न ही प्रकांड पंडित। वह तो ऐसी मेधा शक्ति का स्वामी था जो व्यावहारिक बुद्धि से संचालित होती थी। अकबर उसकी इसी व्यावहारिक बुद्धि के कायल थे।

एक बार अकबर अपने दरबार में बैठे थे। दरबारियों में बहस चल रही थी कि संसार में सबसे उज्ज्वल वस्तु क्या है। अकबर को चर्चा का विषय रोचक लगा इसलिए वे इसमें रुचि ले रहे थे।

एक के बाद एक दरबारी अपने आसन से उठकर अपनी बुद्धि और ज्ञान से उज्ज्वल वस्तु की व्याख्या कर रहा था। दरबार में अधिकांश दरबारियों की राय थी कि सबसे उज्ज्वल वस्तु दूध है तो कुछ दरबारी इस मत के भी थे कि दूध से उज्ज्वल कपास होता है। थोड़ी ही देर में चर्चा दूध और कपास की उपयोगिताओं पर केन्द्रित हो गई। यह चर्चा भी थोड़ी देर के बाद ही परिवर्तित हो गई और दरबारी दूध और कपास की उपयोगिता के स्थान पर उसके उत्पादन को केन्द्रबिन्दु बनाकर बहस करने लगे।

अकबर ने देखा कि दरबार में बहस का सिलसिला चल रहा है मगर बीरबल बिलकुल खामोश है। उन्होंने बीरबल को टोका–"बीरबल! तुम क्यों खामोश हो? तुम भी कुछ बोलो।"

बीरबल ने कहा–"जहाँपनाह! मैं क्या बोलूँ? दरबार में तो बोलने की होड़ लगी हुई है। मूल चर्चा का विषय ही बदल चुका है। दरबार में अपने मित्रों द्वारा की जा रही चर्चा को अब तक सुनने के बाद मैं इसी निष्कर्ष पर पहुँचा हूँ कि विद्वान जब बोलते हैं तब मूल विषय गौण हो जाता है और उनकी स्वयं की विद्वत्ता ही प्रकट होने लगती है। जैसे आरम्भ में दरबार के

मेरे विद्वान साथी विश्व की सबसे उज्ज्वल वस्तु को केन्द्र में रखकर चर्चा कर रहे थे। इसके बाद वे उज्ज्वल वस्तु की उपयोगिता पर केन्द्रित हो गए और अब उज्ज्वल वस्तु के उत्पादन पर केन्द्रित हैं!''

अकबर को बीरबल की इस टिप्पणी से इत्तफाक था। दरबारियों ने बीरबल की टिप्पणी को अपने विरुद्ध कटाक्ष माना। और एक दरबारी ने बीरबल को सीधे टोक दिया कि वे बताएँ कि संसार की सबसे उज्ज्वल वस्तु क्या है?

अकबर ने भी बीरबल को संसार की सबसे उज्ज्वल वस्तु के बारे में बोलने के लिए प्रेरित किया।

अन्ततः बीरबल ने कहा–''जहाँपनाह! इस दरबार में बैठे कुछ साथियों ने दूध को और कुछ अन्य साथियों ने कपास को संसार की सबसे उज्ज्वल वस्तु बताया है। मैं उनकी इस राय से सहमत नहीं हूँ और विश्वासपूर्वक कहता हूँ कि संसार की सबसे उज्ज्वल वस्तु न दूध है न कपास, यह तो प्रकाश है। बिना प्रकाश के कहीं कुछ भी उज्ज्वल नहीं हो सकता।''

बीरबल की बात पर दरबार में शोर होने लगा। अकबर ने समझ लिया कि दरबारी बीरबल के कथन के विरुद्ध हैं। ऐसे में यदि बहस कराई जाए तो सही बात सामने नहीं आ पाएगी और दरबार में चूँकि कपास और दूध को पहले भी उज्ज्वल बताया जा चुका है तब वक्ता पुनः वही-वही बात दुहराएँगे जो वे बोल चुके हैं। इसलिए उन्होंने बीरबल से सीधे पूछा–''बीरबल! क्या तुम अपनी बात प्रमाणित कर सकते हो?''

''जी हाँ, महाराज! उचित अवसर पर मैं अपनी बात प्रमाणित कर सकता हूँ।'' बीरबल ने कहा।

दरबार में यह चर्चा उसी क्षण स्थगित हो गई।

दूसरे दिन सुबह-सुबह ही बीरबल महल चला गया। बादशाह उस समय अपने शयनकक्ष में थे। बादशाह के कक्ष तक आने-जाने में बीरबल को कहीं कोई रुकावट नहीं थी। सभी पहरेदार उसे जानते-पहचानते थे। वह बिना किसी रोक-टोक के बादशाह के कक्ष में गया और दरवाजे के पास उसने

एक कटोरी दूध से भरकर रख दी। मुट्ठी भर कपास भी उसने वहीं रख दिया और दरवाजे के बाहर बैठकर बादशाह के जगने की प्रतीक्षा करने लगा।

बादशाह जगे। कमरे की खिड़कियाँ बन्द थीं। ठंड का मौसम था इसलिए रोशनदान भी बन्द कर दिये गए थे। बादशाह का कक्ष अँधेरे में डूबा था। जगने के बाद कमरे की स्थितियों के अभ्यस्त अकबर दरवाजे तक पहुँचे और दरवाजा खोलने का उपक्रम वे कर ही रहे थे कि उनका पाँव जमीन पर रखी दूध की कटोरी से जा टकराया। अकबर घबरा गए। दरवाजा खुलते समय उनके पाँव के नीचे कपास पड़ गया तो यह सोचकर पाँव झटके से उन्होंने खींच लिया कि कोई जीवित जानवर उनके पाँव के नीचे आ गया है। दरवाजा खुलने पर वे निश्चिन्त हुए कि उनके पाँव के नीचे कोई जीव नहीं बल्कि कपास आ गया था और पाँव से टकरानेवाली चीज दूध से भरी कटोरी थी। मगर उनकी समझ में यह नहीं आया कि कटोरी और कपास वहाँ रखे किसने? और इसका मकसद क्या था?

दरवाजा खोलकर उन्होंने पहरेदारों से इसके बारे में पूछा।

तभी दरवाजे के पास बैठा बीरबल उठ खड़ा हुआ और बोला–"जहाँपनाह! मैंने ही दूध की कटोरी और कपास दरवाजे के पास रखे थे।"

बीरबल को उस वक्त वहाँ देखकर बादशाह चकित हुए और पूछा–"बीरबल! तुम? यहाँ? इस वक्त?"

बीरबल के आकस्मिक आगमन से अकबर हैरानी में थे। अकबर की हैरानी इस बात के लिए भी थी कि आखिर बीरबल ने उनके कमरे में दूध की कटोरी और कपास क्यों रखे?

बादशाह के विस्मय का भाव देखकर बीरबल ने अपनी स्थिति स्पष्ट की–"जहाँपनाह! गुस्ताखी माफ हो। कल दरबार में दूध और कपास को उज्ज्वल वस्तु बताया गया जबकि मैं इन्हें उज्ज्वल वस्तु नहीं मान रहा था। मैंने उज्ज्वल वस्तु के रूप में 'प्रकाश' का नाम लिया था। आपने मुझे अपनी बात प्रमाण सहित कहने का आदेश दिया था इसीलिए आपके कमरे में दरवाजे के पास मैंने दूध से भरी कटोरी और कपास रख दिये थे। यदि ये वस्तुएँ उज्ज्वल होतीं तो आपके पाँव इससे नहीं टकराते क्योंकि

आप इन्हें देख चुके होते। आपके कमरे में प्रकाश का अभाव था जिसके कारण आप इनसे टकरा गए। क्या इससे प्रमाणित नहीं होता कि प्रकाश ही सबसे उज्ज्वल वस्तु है?"

बीरबल की बातों से अकबर प्रसन्न हुए और उस दिन जब अकबर अपने दरबार में गए तब दरबारियों को बीरबल के प्रमाणसहित प्रकाश को उज्ज्वल बताने की घटना का सविस्तार उल्लेख किया।

दरबार में बीरबल की भूरि-भूरि प्रशंसा हुई।

प्राकृतिक सिंचाई

अकबर की बड़ी बेगम गर्भवती थीं। उनकी देखभाल के लिए अकबर ने विशेष प्रबन्ध करा रखे थे। स्वयं बड़ी बेगम का हाल जानने के लिए अकबर, बिना नागा, उनके महल में जाते थे। अकबर को इस बात का बहुत अफसोस था कि लगातार देखभाल और दवा-दारू के बाद भी कभी बड़ी बेगम ने उन्हें यह नहीं कहा कि उन्हें अच्छा लग रहा है। हमेशा कोई न कोई शारीरिक शिकायत बेगम को बनी रहती। कभी शरीर में सूजन तो कभी सिर में दर्द, कभी हाजत की कमी तो कभी भूख ही गायब। उल्टियों के मारे तो बेगम हमेशा पस्त और बेहाल बनी रहतीं। कभी-कभी अकबर बेगम की शिकायतों से चिढ़ जाते। अन्य बेगमों ने इस स्थिति का फायदा उठाने के लिए अकबर के कान भरने शुरू कर दिए थे कि बादशाह का प्यार पाने के लिए बड़ी बेगम कुछ ज्यादा ही नखरे कर रही हैं। धीरे-धीरे अकबर को भी बड़ी बेगम के नाजो-अदा पर सन्देह होने लगा।

नियत समय पर बड़ी बेगम को बच्चा हुआ, उनकी देखभाल के लिए उच्च स्तर की व्यवस्था हुई मगर फिर भी बेगम पीलिया रोग से ग्रस्त हो गईं। बेगम की चिकित्सा के लिए भी आला इन्तजाम हुए।

अभी बड़ी बेगम का इलाज चल ही रहा था कि एक दिन बादशाह अकबर बीरबल के साथ शिकार करने निकल गए। जंगल में पहुँचने के बाद अकबर के खादिमों ने उनके लिए तम्बू गाड़ दिए। अकबर ने तय किया था कि वे एक सप्ताह तक राजधानी की आपाधापी और सियासत की उलझनों से दूर रहकर जंगल में प्राकृतिक सुषमा का आनन्द उठाएँगे। पक्षियों का कलरव और झरनों का संगीत सुनेंगे, पुष्पों से सुवासित घाटी की हवा का आनन्द लेते हुए अपने को तरोताजा करने के बाद ही लौटेंगे।

इस बीच उन्हें बड़ी बेगम की बीमारी की याद अवश्य आ रही थी मगर उन्होंने अपने दिल को मजबूत बनाते हुए खुद को समझा लिया था कि बेगम का इलाज उनकी सल्तनत का सबसे जाना-माना हकीम कर रहा है और उसका मानना है कि बेगम को जान का खतरा नहीं है। ऐसे में राजधानी की आपाधापी में लौटने की कोई जरूरत नहीं है। जंगल में दो-चार दिन सुकून से व्यतीत करना इस समय उन्हें अधिक माकूल लग रहा था।

एक दिन जंगल में बीरबल के साथ किसी शिकार की टोह में अकबर एक पहाड़ी झरने के पास से गुजर रहे थे। उन्होंने एक गर्भवती महिला को उधर से गुजरते देखा। थोड़ी दूर जाने के बाद ही वह महिला लताओं से ढँकी जमीन के पास गई और वहाँ उसने एक बच्चे को जन्म दिया। प्रसव-वेदना पर वह महिला खुद अपने प्रयासों से काबू पा रही थी। यह देखकर अकबर के विस्मय का ठिकाना नहीं रहा। थोड़ी देर के बाद ही उस महिला ने अपने नवजात शिशु की सफाई की। फिर झरने से पानी लेकर खुद को साफ किया और वहीं कमल के पत्तों में उसने बच्चे को लपेट लिया फिर धीरे-धीरे अपने घर की ओर जाने लगी।

अकबर जैसे आश्चर्यलोक में भ्रमण कर रहे थे। उस महिला को वे तब तक टकटकी लगाए देखते रहे जब तक कि वह नजरों से ओझल नहीं हो गई। उसके ओझल हो जाने के बाद अकबर की तन्द्रा टूटी।

अकबर ने बीरबल से कहा—"बीरबल! तुमने उस बहादुर महिला को देखा? कितना हैरतअंगेज था उसका यहाँ बिना किसी सुविधा के बच्चा जनना फिर खुद को और बच्चे को साफ करके उसका जाना! मैं तो अपनी आँखों पर भरोसा ही नहीं कर पाया।"

बीरबल ने कहा—"जहाँपनाह! जंगल के जीवन में कुछ भी हैरतअंगेज नहीं होता। यहाँ जीने के लिए रोज हर जीव को संघर्ष करना पड़ता है। जानवर हो या आदमी, सबके लिए संघर्ष अनिवार्य है। इस संघर्ष के कारण ही उस महिला को दर्द सहने की लत-सी पड़ गई होगी। इसलिए प्रसव के बाद भी वह अपनी पीड़ा भूलकर अपने नवजात शिशु की सफाई आदि कर सकी और पैदल चलते हुए घर जा सकी।"

बीरबल के ऐसा कहने के बाद भी अकबर के जेहन में उस महिला के प्रसव का दृश्य कौंधता रहा। इस दृश्य के कारण ही अकबर के मन में यह

बात गहरे बैठ गई कि प्रसव को लेकर महिलाएँ जो दर्द और परेशानियाँ बताती हैं, उसमें सच्चाई नहीं हो सकती। यह कैसे सम्भव है कि प्रसव से एक महिला पीड़ित हो और दूसरी को पीड़ा हो ही नहीं? आखिर औरत की प्रकृति तो हर जगह एक जैसी है!

जंगल में शिकार खेलते हुए सात दिन बिताने के बाद अकबर अपने मन पर यही बोझ लिए लौटे कि उनकी बड़ी बेगम, जिन्हें वे बेहद प्यार करते हैं, उनसे बीमार होने का झूठा बहाना करती रहीं। प्रसव के समय जिन कठिनाइयों का हवाला वे देती रहीं, वैसा कुछ नहीं होता। यदि होता तो उस आदिवासी औरत को भी तो उन कठिनाइयों से गुजरना पड़ता!

राजधानी लौट आने के बाद अकबर सियासत के कार्यों में व्यस्त हो गए और बड़ी बेगम की कोई खोज-खबर नहीं ली। एक दिन बीता, दूसरा दिन बीता, तीसरा दिन बीता, पखवारा और महीना बीत गया मगर अकबर बड़ी बेगम के महल में झाँकने तक नहीं गए। बड़ी बेगम अकबर के इस व्यवहार से बहुत दुखी हुईं। चिन्ता में उनके दिन व्यतीत हो रहे थे। अकबर की बेरुखी से आहत थीं बड़ी बेगम!

एक दिन बीरबल किसी काम से बड़ी बेगम के महल में आया। अवसर देखकर बड़ी बेगम ने बीरबल से अपने मन की पीड़ा कह दी। यह जानकर कि अकबर बड़ी बेगम के महल में महीनों से नहीं आए हैं, बीरबल भी चकित हो गया। मगर जब बड़ी बेगम ने बीरबल से कहा कि शिकार खेलने जंगल जाते समय ही उन्होंने आलीजाह को भर नजर देखा था, उसके बाद से उनके दीदार के लिए उनकी आँखें तरस गई हैं, तब बीरबल को जंगल में आदिवासी महिला के प्रसव की घटना याद हो आई और उसने समझ लिया कि अकबर किन कारणों से बड़ी बेगम के महल में नहीं आ रहे हैं।

कुछ देर विचार करने के बाद बीरबल ने बड़ी बेगम से कहा–''बेगम साहिबा! आप शाही महल के बागों के मालियों को बुलाकर हुक्म दे दें कि कोई भी बाग के पौधों की सिंचाई अगले आदेश तक नहीं करे। और यदि बादशाह उनसे जवाब-तलब करें तो उन्हें कह दिया जाए कि बड़ी बेगम के हुक्म से बाग के पौधों की सिंचाई बन्द कर दी गई है। बड़ी बेगम का हुक्म हुआ है कि जब जंगल में लाखों पौधे प्राकृतिक सिंचाई से ही बढ़ते हैं तब

शाही बाग के पौधे भी प्राकृतिक ढंग से ही बढ़ेंगे। इनके लिए विशेष व्यवस्था करने की कोई जरूरत नहीं है।"

बीरबल के ऐसा समझाने पर बड़ी बेगम ने कहा–"लेकिन बीरबल! इससे तो बादशाह खफा हो जाएँगे! आप जानते हैं कि बादशाह सलामत को फूलों से कितना लगाव है। शाम को वे शाही बाग में न टहलें तो रात को उन्हें नींद नहीं आती। बाग की सिंचाई बन्द कराकर तो मैं उनके कोप की भागी ही बनूँगी...।"

"नहीं बेगम साहिबा! बादशाह आप पर खफा नहीं होंगे, बल्कि उन्हें अपनी गलती का अहसास हो जाएगा। मेरा भरोसा करें और जैसा मैंने कहा है, वैसा ही करें।" बीरबल ने कहा।

बड़ी बेगम ने उसी दिन शाही बाग के मालियों को बुलाया और उन्हें फरमान सुना दिया कि 'अभी से शाही बाग के पेड़-पौधों की सिंचाई बन्द रहेगी। और यदि बादशाह पूछें तो बता देना कि यह मेरा हुक्म है। इसके बाद भी बादशाह नाराज हों तो उन्हें कह देना कि मैंने कहा है कि जंगल में पौधों की देखरेख जिस तरह प्रकृति करती है वैसे ही शाही बाग के पौधों को भी प्रकृति देखेगी।'

बड़ी बेगम का आदेश मिलते ही बाग की सिंचाई का काम बन्द हो गया। एक सप्ताह बीतते-बीतते पौधे कुम्हलाने लगे। फूलों में ताजगी नहीं रही। बाग बेनूर-सा होने लगा।

एक दिन शाम को अकबर ने टहलते समय बाग के पौधों की हालत देखी तो भाँप लिया कि पौधों की सिंचाई नहीं हो रही है। अकबर ने इस लापरवाही के लिए मालियों को बुलाकर डाँटना शुरू कर दिया।

अकबर की फटकार सुनने के बाद एक माली ने साहस करके अकबर को बताया कि बाग की सिंचाई का काम बड़ी बेगम के हुक्म से बन्द किया गया है। बड़ी बेगम का कहना है कि प्रकृति जिस तरह जंगल के पेड़-पौधों की सुरक्षा करती है वैसे ही बाग के पौधों की भी करेगी। कृत्रिम सिंचाई की कोई आवश्यकता नहीं है।

अकबर ने जब यह बात सुनी तो सारा माजरा उनकी समझ में आ गया। बड़ी बेगम से उनकी नाराजगी जाती रही। उन्होंने तुरन्त अपना रुख बड़ी बेगम के महल की ओर कर लिया।

बादशाह अकबर को अपने महल में आया देख बड़ी बेगम मन-ही-मन बहुत खुश हुई और उनकी खुशी का तब कोई ठिकाना न रहा जब अकबर ने उनसे कहा—"बेगम! माली को बुलाकर बाग की सिंचाई में लग जाने का हुक्म दे दीजिए।"

बेगम ने वैसा ही किया। बादशाह की वापसी के बाद बड़ी बेगम मन-ही-मन बीरबल का शुक्रिया अदा करने लगीं।

पेड़ की आत्मा की गवाही

अकबर के जमाने में दिल्ली के पास के एक गाँव में एक वृद्ध व्यक्ति रहता था। उसने जीवन भर पैसे जमा कर तीस अशर्फियाँ इकट्ठी की थीं। एक बार उस वृद्ध व्यक्ति को तीर्थ करने की इच्छा हुई। उसने सोचा–सारा जीवन तो ऐसे ही व्यतीत हो गया। अब आखिरी घड़ी में कुछ पुण्य का काम कर लिया जाए! ऐसा सोचकर उसने पाँच अशर्फियाँ राह खर्च के लिए अपने पास रख लीं और पच्चीस अशर्फियाँ लेकर अपने एक परिचित नौजवान को खोजने निकल पड़ा। उसने सोचा, ये पच्चीस अशर्फियाँ उस नौजवान को सौंप देगा और जब वह तीर्थाटन से लौटेगा तब ये अशर्फियाँ उससे वापस ले लेगा। इन अशर्फियों के सहारे जीवन के बाकी दिन आराम से कट जाएँगे। अब उसे जीना भी कितने दिन है!

परिचित नौजवान उसे नदी के किनारे एक आम के पेड़ के नीचे लेटा हुआ मिला। उसने उस नौजवान से अपनी तीर्थ पर जाने की मंशा बताई और उसे पच्चीस अशर्फियाँ गिनकर सुरक्षित रखने के लिए दे दीं। बूढ़े ने उस नौजवान से कहा–"तुम मेरे पुत्र के समान हो। यदि कोई मेरा बेटा होता तो तुम्हारी ही उम्र का होता। मैं तुम पर भरोसा करके, तुम्हें अपने जीवन भर की कमाई सौंपकर जा रहा हूँ। मुझे विश्वास है कि जब मैं वापस आऊँगा तब तुम मुझे मेरी अमानत वापस लौटा दोगे।"

नवयुवक ने खुशी-खुशी अशर्फियाँ अपने पास रख लीं। बूढ़ा वहीं से तीर्थयात्रा पर निकल गया।

लगभग एक वर्ष के बाद वह बूढ़ा तीर्थयात्रा से लौटा और उस युवक के पास अपनी पच्चीस अशर्फियाँ लेने के लिए गया। मगर बूढ़े को बड़ी निराशा हाथ लगी। उस नवयुवक ने बूढ़े को अशर्फी देने से साफ इनकार

कर दिया। उसने कहा–"मेरे पास किसी की दी हुई एक अशर्फी भी नहीं है और आप पच्चीस अशर्फी की बात कर रहे हैं–जरूर आपका दिमाग चल गया है।"

बूढ़े ने बड़ी मिन्नत की मगर युवक यह मानने के लिए तैयार नहीं हुआ कि बूढ़े ने साल भर पहले उसे पच्चीस अशर्फियाँ सुरक्षित रखने के लिए दी थीं। बूढ़ा हताश होकर फूट-फूटकर रोने लगा, मगर युवक उसकी रुलाई से भी नहीं पसीजा। वह लगातार हठ करता रहा कि बूढ़े को न तो वह जानता है, न पहले कभी उससे मिला है, न उससे उसने पच्चीस अशर्फियाँ ली हैं।

बूढ़े का विलाप सुनकर कुछ लोग जमा हो गए। उन लोगों ने बूढ़े से अपनी फरियाद लेकर बादशाह के दरबार में पेश होने की राय दी। हताश होकर बूढ़ा अकबर के दरबार में हाजिर हुआ और वहाँ रोते-रोते अपनी व्यथा-कथा बादशाह को सुनाई।

अकबर ने सिपाहियों को भेजकर उस युवक को पकड़कर दरबार में लाने का हुक्म दिया और इस अजीबो-गरीब मामले के निपटारे के लिए बीरबल को भी बुलवा लिया।

अकबर के निर्देश पर बीरबल ने अपने कक्ष में बूढ़े और नवयुवक को ले जाकर बैठाया और उनके बीच विवाद के कारणों को समझने के लिए बारी-बारी से नवयुवक एवं बूढ़े की बातें सुनीं।

नवयुवक ने बीरबल से कहा–"यह बूढ़ा सिरफिरा है। मैं इसे जानता नहीं। कभी इससे मिला नहीं। मगर यह बूढ़ा मुझ पर आरोप लगा रहा है कि मैंने इसकी पच्चीस अशर्फियाँ हड़प ली हैं।"

बीरबल को उस नवयुवक की बातों में दबंगता का अहसास हुआ और उसने उस नवयुवक को क्रोध शान्त करने के लिए कहते हुए उसे पास रखे हुए तख्त पर बैठ जाने के लिए कहा। फिर नवयुवक को सान्त्वना देते हुए कहा–"क्रोध मत करो। क्रोध करने से अपना ही नुकसान होता है...मगर शायद मैं भी तुम्हारी जगह पर होता और मुझ पर भी यदि झूठा आरोप मढ़ा जाता तो मुझे भी क्रोध आ जाता।"

बीरबल के मुँह से ऐसी बातें सुनकर बूढ़ा तड़प उठा। उसने बीरबल से कहा–"मैं कोई झूठा आरोप नहीं लगा रहा दीवान साहब! खुदा से

डरनेवाला इनसान हूँ मैं। अपनी जिन्दगी मैंने मेहनत-मशक्कत करके बिताई है। जिन्दगी भर जो मैंने आड़े वक्त के लिए थोड़ा-थोड़ा करके बचाया, वही पच्चीस अशर्फियाँ मैं इस युवक को सौंपकर चला गया था। अशर्फियाँ मैंने इसे इसलिए सौंपी थीं कि मेरा कोई सगा इस दुनिया में नहीं है। तीर्थयात्रा पर जाने के बाद मेरा घर तन्हा रह जाता और इस तन्हा घर में मेरी अशर्फियाँ सुरक्षित नहीं रह जातीं। अपने गाँव में यही युवक कभी-कभी मुझसे आदाब-बन्दगी करता था जिसके कारण मेरा भरोसा इस पर हो गया, और मैं इसे अशर्फियाँ देकर तीर्थयात्रा पर निकल गया। मैंने सपने में भी नहीं सोचा था कि यह नौजवान मुझे धोखा भी दे सकता है।''

बीरबल ने बूढ़े की बात सुनी और उसके बाद पूछा–''तुमने इस युवक को अशर्फियाँ कहाँ दी थीं?''

बूढ़े ने युवक को अशर्फियाँ देने का पूरा किस्सा बयाँ करके बताया–''मैंने युवक को अपने गाँव से गुजरनेवाली नदी के किनारे खड़े आम के पेड़ के नीचे अशर्फियाँ सौंपी थीं।''

उसकी दास्तान सुनने के बाद बीरबल ने बूढ़े से कहा–''जाओ, जाकर गवाही के लिए उस पेड़ को बुला लाओ।''

बीरबल के ऐसा कहने पर वह बूढ़ा चकरा गया और बोला–''मगर दीवान साहब! पेड़ कैसे गवाही देने आ सकता है? मेरी इतनी उम्र हो गई लेकिन मैंने कभी किसी पेड़ को चलते नहीं देखा!''

बीरबल ने कहा–''तुम जाकर पेड़ से कहना, यह शाही फरमान है–पेड़! तुम्हें बीरबल ने गवाही देने के लिए अपने पास बुलाया है। तुम चलो और मुझे न्याय दिलाने के लिए गवाही दे दो। तुम्हारे ऐसा कहने पर पेड़ मेरे पास आकर गवाही दे जाएगा। तुम्हें मैंने जैसा कहा है, वैसा ही करो!''

बीरबल का आदेश पाकर बूढ़ा उसके कक्ष से चला गया। वह हताश था और उसे समझ में नहीं आ रहा था कि बीरबल के इस बिना सिर-पैर के फरमान का क्या मतलब है। वह जानता था कि पेड़ न कभी चला है और न अब चलेगा। मगर उसकी मजबूरी थी कि वह पेड़ के पास जाए और उससे गवाही देने चलने के लिए कहे। ऐसा नहीं करने पर वह हुक्म-उदूली के जुर्म का दोषी माना जाता।

बूढ़े को भेजकर बीरबल अपने काम में लग गया। उसकी मेज पर कागजों के पुलिन्दे पड़े थे जिन्हें उठा-उठाकर वह पढ़ने लगता फिर उन पर कुछ लिखता और लपेटकर रख देता। नवयुवक तख्त पर खामोश बैठा था। काफी देर गुजर जाने के बाद बीरबल ने अचानक उस युवक से पूछा–"बूढ़ा उस पेड़ तक पहुँच चुका होगा?"

युवक ने कहा–"अभी कहाँ? पेड़ गाँव की नदी के पास है। वहाँ तक जाने के लिए ऊबड़-खाबड़ राह है जिस पर तेज नहीं चला जा सकता।"

युवक की बात सुनकर बीरबल चुप हो गया और अपने काम में पहले की तरह व्यस्त हो गया।

शाम ढलने के बाद वह वृद्ध थका-हारा और हताश बीरबल के कक्ष में पहुँचा। उसे खाली हाथ अकेला आया देखकर युवक मुस्कुराया। बीरबल ने उस युवक को मुस्कुराते देख लिया और वह भी मुस्कुराने लगा।

बूढ़े ने हताश स्वरों में बीरबल से कहा–"हुजूर! पेड़ नहीं आया। मैंने उसे शाही फरमान के एक-एक शब्द कहे। कई बार उसके सामने शाही फरमान सुनाया लेकिन पेड़ अपनी जगह से टस से मस नहीं हुआ। हारकर मैं आपके पास अकेला लौट आया। अब आपका जो हुक्म हो, मैं मानूँगा। इसके सिवा और क्या कर सकता हूँ मैं?"

बीरबल ने उस बूढ़े की ओर हँसते हुए देखा और कहा–"घबराओ नहीं, शाही फरमान सुनने के बाद पेड़ की आत्मा मेरे पास पहुँचकर बता गई कि तुमने एक साल पहले इस युवक को पच्चीस अशर्फियाँ दी थीं, तब तीर्थयात्रा पर गए थे।"

इतना कहने के बाद उसने सिपाहियों से उस युवक को गिरफ्तार कर बादशाह के सामने पेश करने को कहा। फिर स्वयं अकबर के सम्मुख पहुँचकर अपने न्याय तक पहुँचने की पूरी घटना सुना दी और कहा–"जब मैंने पूछा था–'उस पेड़ तक बूढ़ा पहुँचा होगा या नहीं?' तब इस युवक ने उस पेड़ तक पहुँचने की कठिन राह और उसके स्थान की जानकारी दी। यही प्रमाणित कर देता है कि युवक को बूढ़े ने अशर्फियाँ दी थीं।"

अकबर के डपटने पर युवक ने अपना अपराध कबूल कर लिया और बूढ़े की अशर्फियाँ लौटा दीं। अकबर ने उस युवक को अमानत में खयानत के जुर्म में कारागार में डाल दिया।

फारसी में टक्कर

अकबर और बीरबल एक बार यमुना तट पर टहल रहे थे। मौसम सुहाना था। उन दिनों बीरबल को फारसी सीखने का शौक चर्राया था। ऐसे भी फारसी जानना उन दिनों विद्वत्ता की पहचान थी क्योंकि शासन की भाषा फारसी ही थी।

अकबर को इस बात की जानकारी थी कि बीरबल इन दिनों फारसी सीख रहा है। उन्हें बीरबल के साथ चुहल करने का मन हो आया। बीरबल के साथ टहलते-टहलते अकबर उस स्थान पर चले आए जहाँ पर उन्होंने और बीरबल ने अपने घोड़े को बाँधा था।

बीरबल को बादशाह के घोड़ों के पास आने का मतलब यही समझ में आया कि अकबर अब महल की वापसी के लिए तत्पर हैं इसलिए वह अपने घोड़े के पास चला गया और उसे खोलने लगा।

अकबर उसे घोड़ा खोलते देखते हुए अपने घोड़े को सहलाते रहे। घोड़े की लगाम जब बीरबल ने ठीक की तब अकबर ने चुहल करते हुए बीरबल से कहा–"भई अस्प पिदर शुमास्त।"

फारसी में 'भई अस्प पिदर शुमास्त' के दो अर्थ हैं। बीरबल दोनों अर्थ समझता था। इसका पहला अर्थ है–'यह घोड़ा तुम्हारे बाप का है।'...और दूसरा अर्थ है–'यह घोड़ा तुम्हारा बाप है।'

बीरबल ने जब अकबर के मुँह से यह द्विअर्थी संवाद सुना तो मुस्कुराते हुए बहुत विनम्रता से बोला–"दादः हुजूरस्त!"

फारसी में इस वाक्य के भी दो अर्थ हैं–पहला अर्थ है–'हुजूर का ही दिया हुआ है।' और दूसरा अर्थ है–'हुजूर का दादा है।'

बीरबल के मुँह से अपने द्विअर्थी संवाद का द्विअर्थी जवाब सुनकर अकबर झेंप गए।

बात भी सच थी कि बीरबल को वह घोड़ा अकबर ने भेंटस्वरूप प्रदान किया था।

इसके बाद अकबर ने बीरबल से फारसी में टक्कर लेने की कभी कोशिश नहीं की।

बच्चा और अकबर की दाढ़ी के बाल

अकबर एक बार बीरबल के साथ हवाखोरी के लिए निकले। उन दिनों अकबर अपने साम्राज्य विस्तार के लिए लगातार प्रयास कर रहे थे। अपनी सल्तनत में अपनी स्वीकृति के लिए भी अकबर ने लगातार कार्य किया था जिससे हर तरफ उनकी सराहना हो रही थी। रियाया में अपनी तारीफ होने की बातें सुनकर अकबर के मन में अभिमान होने लगा था कि वह सबसे बड़े हैं। हवाखोरी करते-करते अकबर ने अचानक बीरबल से पूछा–"बीरबल, बताओ, संसार में सबसे बड़ा कौन है?"

बीरबल ने इस प्रश्न से यह समझ लिया कि अकबर इस समय अपनी सफलता के मद में चुर हैं और इस प्रश्न के उत्तर में उसके मुँह से सुनना चाहते हैं–'जहाँपनाह! आप!' मगर यह जानते-बूझते भी बीरबल ने ऐसा कुछ नहीं कहा। अकबर ने जब दुबारा वही सवाल किया तब उनकी ओर देखते हुए बीरबल ने कहा–"जहाँपनाह! संसार में सबसे बड़ा हम किसी भी नन्हे बच्चे को कह सकते हैं जिसके सभी दाँत बाहर नहीं आए हों और जो बोलना सीख रहा हो!"

बीरबल का जवाब सुनकर अकबर को निराशा हुई। खीज से भरकर अकबर ने पूछा–"तुम अपनी बात सिद्ध कर सकते हो बीरबल?"

"अवश्य कर सकता हूँ, जहाँपनाह! यदि आप मुझे थोड़ी मोहलत दे दें!" बीरबल ने उत्तर दिया।

"जितनी चाहो, मोहलत ले लो लेकिन याद रखो, जब तक तुम बच्चे को बड़ा प्रमाणित नहीं करोगे तब तक तुम्हें दरबार में हाजिरी लगाने की इजाजत नहीं मिल सकती।" अकबर ने तल्ख होते हुए कहा।

"जो आज्ञा।" बीरबल ने कहा और चुप हो गया। वह समझ चुका था

कि अकबर को उसकी बात जरूरत से ज्यादा बुरी लगी है।

थोड़ी देर बाद ही अकबर हवाखोरी से लौट आए और लम्बे-लम्बे डग भरते हुए राजमहल की ओर बढ़ गए।

बीरबल ने समझ लिया कि बादशाह ने ऐसा करके अपने गुस्से का इजहार किया है। वह वहाँ से सीधे अपने घर लौटा और बैठकर कुछ विचार करने लगा। अचानक उसे याद आया कि उसके पड़ोस में जो रफीक नाम का आदमी रहता है उसकी बेटी अपने सवा साल के बच्चे के साथ इन दिनों आई हुई है। कुछ विचारते हुए बीरबल रफीक के घर पहुँच गया। बीरबल ने रफीक से कहा—"भाई मेरे! मैं तुम्हारे नवासे के साथ खेलना चाहता हूँ। जब से मैंने उसके यहाँ आने की खबर सुनी है तभी से उससे मिलने को बेचैन हूँ।"

बीरबल के इस तरह के मनुहार से रफीक को आन्तरिक प्रसन्नता हुई। वह बच्चे को ले आया और बीरबल को थमाते हुए कहा—"जब तक मर्जी तब तक खेलिए इस बच्चे के साथ। मेरा नवासा है तो क्या आपका नवासा न हुआ?" उसने बच्चे को बीरबल की गोद में थमा दिया।

बीरबल थोड़ी देर तक बच्चे के साथ खेलता रहा। फिर उसके मन में एक विचार कौंधा—उसने बच्चा रफीक के हाथों में सौंपते हुए बच्चे का हाथ पकड़कर रफीक की दाढ़ी सहलाने लगा। रफीक को बीरबल का ऐसा करना बड़ा अजीब लगा। मगर बात चूँकि बीरबल की थी इसलिए कुछ बोला नहीं। बीरबल ने स्वयं अपनी इस हरकत की पर्दादारी के लिए रफीक से कहा—"कुछ सोचो मत भाई रफीक! मैं तो यह देख रहा हूँ कि तुम्हारी दाढ़ी छूना तुम्हारे नवासे को कितना मजा दे रहा है। हमारे यहाँ मानते हैं कि नाती जब नाना की दाढ़ी से खेले तो समझो कि नाती अपने ननहर के बारे में ऊँचे खयाल रखता है।"

बीरबल की बातें सुनकर रफीक बहुत खुश हुआ और खुद अपने नवासे के हाथ में अपनी दाढ़ी थमाने की कोशिश करने लगा।

अब बीरबल रोज अपने पड़ोसी के घर जाता। कभी वह उस बच्चे के लिए कपड़े ले जाता तो कभी खिलौने। रोज वह बच्चे के हाथ में रफीक की दाढ़ी थमाकर उन्हें खींचने के लिए प्रेरित करता। रफीक को यह सब अच्छा लगने लगा था। इस तरह दस-पन्द्रह दिन बीत गए। बच्चा अब

संकेत मात्र से दाढ़ी के बालों को खींचना शुरू कर देता था।

बच्चे को अपने ढंग से प्रशिक्षित कर लेने के बाद एक दिन 1बीरबल उस बच्चे के लिए राजसी पोशाक लेकर आया जिसमें सोने-चाँदी के सलमा-सितारों से कशीदाकारी की गई थी। बीरबल ने जब वह लिबास रफीक को यह कहते हुए दिया कि इसे वह उस बच्चे के लिए लाया है तब रफीक को सहजता में विश्वास ही नहीं हुआ कि इतना कीमती उपहार भी कोई उस बच्चे को लाकर दे सकता है...वह भी महज पड़ोसी होने के नाते!

मगर बीरबल ने जिद करके वह पोशाक उसी वक्त बच्चे को पहनवाई और उसे देखकर तारीफ करने लगा—"इस बच्चे को तो बादशाह के घर में होना चाहिए था। देखना, एक दिन यह बच्चा इतना हुनरमन्द हो जाएगा कि बादशाहत भी इसके कदम चूमेगी।"

बीरबल के मुँह से ये बातें सुनकर रफीक मुग्ध हो गया और बीरबल के प्रति श्रद्धा से भर गया।...'कितना प्यार करता है यह मेरे नवासे से!' उसने मन-ही-मन सोचा।

तभी बीरबल ने कहा—"रफीक! इन कपड़ों में इस बच्चे को देखकर मेरी तबीयत हो रही है कि मैं इसे बादशाह से मिला लाऊँ। बादशाह भी देखें कि गरीबों के घरों में भी ऐसे बच्चे जन्म लेते हैं जिन्हें देखकर बादशाह भी दाँतों तले उँगली दबा लें।"

"मैंने पहले भी कहा है कि 'नवासा' आपका है! आप इसे जिससे चाहें मिला लाएँ। मुझे क्या एतराज हो सकता है। लेकिन जरा इस बच्चे को मैं इसकी अम्मी से मिला लाऊँ। वह भी तो देखे कि इसके नए नाना ने इसके लिए कितना शानदार लिबास बनवाया है। ऐसा रेशमी लिबास तो यहाँ कहीं दिखाई भी नहीं पड़ता, ऊपर से सोने-चाँदी के तारों का यह शानदार काम! क्या नक्काशी है...वह देखेगी तो झूम उठेगी।" रफीक ने कहा और बच्चे को लेकर वह अपने घर के भीतर चला गया।

थोड़ी देर के बाद जब वह निकला तब बीरबल ने उस बच्चे को अपनी गोद में ले लिया और कहा—"लाओ रफीक भाई! मैं अपने नवासे को बादशाह से मिलाकर लाऊँ।"...और बच्चे को लेकर बीरबल वहाँ से चला गया।

रफीक उन्हें मुग्ध नजरों से जाता हुआ देखता रहा जब-तक कि वे दोनों उसकी नजरों से ओझल न हो गए।

दरबार का समय समाप्त हो चुका था। बीरबल ने अनुमान लगा लिया कि अकबर अब राजमहल में जा चुके होंगे। इसलिए वह रफीक के घर से उस बच्चे को गोद में लेकर सीधे राजमहल पहुँचा। महल के रक्षक उसे पहचानते थे इसलिए महल में प्रवेश मिलने में उसे कोई दिक्कत नहीं हुई। महल में प्रवेश के बाद उसने बादशाह अकबर के पास सन्देश भिजवाया कि वह अभी, इसी वक्त बादशाह से मिलने की इजाजत चाहता है।

अकबर को जैसे ही बीरबल के आने की सूचना मिली उन्होंने उसी क्षण उसे अपने कक्ष में ही बुलवा लिया।

बीरबल की गोद में एक खूबसूरत बच्चे को देखकर अकबर ने पूछा–"यह कौन है तुम्हारी गोद में? इतना प्यारा बच्चा!"

बीरबल ने बच्चे को अपनी गोद से उतारकर सहज भाव से अकबर की गोद में दे दिया, फिर कहा–"यह अबोध बच्चा तो हर उस आदमी का है जो इसे प्यार दे सके। अभी तो आपका है।"

बीरबल के जवाब से अकबर को खुशी हुई।

तभी बीरबल ने बच्चे को कुछ इशारा किया। संकेत मात्र से बच्चे की गतिविधि बदल गई और वह अकबर की दाढ़ी से खेलने लगा फिर वह अकबर की दाढ़ी खींचने लगा।

पहले तो अकबर ने बच्चे की पकड़ से अपनी दाढ़ी छुड़ाने की कोशिश की मगर बच्चा दाढ़ी छुड़ाने पर रोने लगा। तब अकबर ने कहा–"अरे, प्यारे बच्चे खेलो मेरी दाढ़ी से मगर रोओ मत!" और उन्होंने बच्चे के हाथ में अपनी दाढ़ी दे दी।

बीरबल को मानो इसी समय का इन्तजार था। उसने अकबर से कहा–"जहाँपनाह! मैंने एक बार आपसे कहा था न कि बच्चा सबसे बड़ा होता है। तब आपने कहा था–सप्रमाण अपनी बात कहूँ। अब आप स्वयं यह प्रमाण देखें! इस बच्चे को छोड़कर आपकी दाढ़ी का एक बाल भी छूने की हिम्मत और किसी में है?"

अकबर ने बीरबल की ओर मुस्कुराकर देखा, फिर कहा–"हाँ, बीरबल!

मुझे तुम्हारा प्रमाण पसन्द आया।"

बीरबल ने उसी समय बच्चे को कुछ इशारा किया और बच्चा अकबर की दाढ़ी छोड़कर बिलकुल शान्त होकर गोद में बैठ गया।

अकबर ने उस बच्चे को सहलाते हुए कहा–"सचमुच बहुत प्यार बच्चा है। मुझसे बड़ा भी।" फिर ढेरों उपहार देकर उस बच्चे को अकबर ने बीरबल के साथ भेज दिया।

जब बीरबल ने रफीक को वह बच्चा थमाया तो उसकी खुशियों का ठिकाना नहीं रहा कि बादशाह ने उसके नवासे को ढेरों उपहार दिए हैं।

बीरबल इस बात पर प्रसन्न था कि इस बच्चे के सहयोग से उसने वह कार्य कर दिखाया जो आसान न था।

बादशाह ने रूप बदला

एक बार की बात है। अकबर ने बीरबल को भयभीत करने का मन बनाया और बहुत सोचने के बाद तय किया कि वह भयंकर चेहरा बनाकर और डाकुओं जैसा लिबास पहनकर बीरबल के घर जाएँगे और अचानक उसके सामने आकर उसे डराएँगे। उन्होंने यह भी तय किया कि अपने स्वाँग की वह कानोंकान खबर नहीं होने देंगे।

अपने राज्य में, बहुरुपियों को जीविकोपार्जन के लिए धन अर्जन करते हुए उन्होंने देखा था। इसलिए अपना रूप बदलने के लिए उन्होंने एक बहुरुपिए का सहारा लिया। उस बहुरुपिए ने बादशाह को एक खूंखार आदमी की शक्ल में बदल दिया। उस आदमी का चेहरा इतना बीभत्स था कि उसे देखकर ही रोंगटे खड़े हो जाते थे।

बादशाह ने अपनी शक्ल आईने में देखी और जब विश्वास हो गया कि अब उन्हें कोई भी पहचान नहीं सकेगा तो सन्तुष्ट होकर अँधेरी रात में बीरबल के घर पहुँच गए और बीरबल के द्वार पर दस्तक दी।

बीरबल ने द्वार खोला। उसके हाथ में मशाल थी, जिसकी रोशनी में उसने द्वार पर खड़े व्यक्ति का हाथ देखा। हाथ की उँगलियों में बादशाही अँगूठियाँ थीं। रात अँधेरी थी और तेज हवा चल रही थी जिसके कारण बीरबल मशाल के दूसरी ओर हाथ से हवा रोकने का प्रयास कर रहा था जिसके कारण द्वार पर दस्तक देनेवाले का चेहरा देखने की बजाय, बीरबल की नजर उसके जूतों पर गई। कीमती नगीनों और सोने-चाँदी के तारों के काम से अँधेरी रात में भी जूते से कौंध-सी उठ रही थी। उसने अकबर के पाँव में बरसों से यह जूता देख रखा था। बीरबल को यह पहचानने में देर नहीं लगी कि द्वार पर दस्तक देनेवाला कोई और नहीं, स्वयं अकबर हैं,

इसलिए उसने हर्षातिरेक में भावविह्वल होकर कहा–''आइए जहाँपनाह! आज इस गरीब की कुटिया धन्य हो गई।''

अकबर जैसे आसमान से गिरे। उनकी समझ में नहीं आया कि बीरबल ने उन्हें पहचान कैसे लिया?

बीरबल उन्हें अपने कमरे में ले जाकर तख्त पर बिठाया, फिर बादशाह के भयंकर चेहरे को देखा। अब वह यह समझने का प्रयास करने लगा कि आखिर बादशाह को अपना रूप बदलकर इस तरह आने की क्या जरूरत थी? और आशंका भी मन के किसी कोने से उठी कि क्या बादशाह उसे फिर मूर्ख बनाने के इरादे से तो नहीं आए हैं! डरावना रूप बनाने का एक मकसद तो यही हो सकता है कि वे यह देखना चाहते हैं कि मैं इस तरह का रूप देखकर कैसे डरता हूँ!

अपनी तर्कबुद्धि से बादशाह के छद्म रूप का कारण जानने के प्रयास में जब बीरबल गम्भीर हो गया तब अकबर ने उससे पूछा–''क्या हुआ बीरबल? तुम गम्भीर क्यों हो गए?''

बीरबल ने सहज भाव से उत्तर दिया–''गम्भीर नहीं जहाँपनाह, विचार-मग्न कहिए। मैं यह जानने की कोशिश कर रहा हूँ कि आखिर इस राज्य में ऐसा कौन-सा शख्स है जिसके डर से अकबर जैसे महान बादशाह को इतना निकृष्ट रूप धारण करना पड़ा!''

बीरबल की बातें सुनकर अकबर को धक्का-सा लगा। कहाँ तो वह बीरबल को डराने के लिए बीभत्स रूप बनवाकर आए थे और कहाँ बीरबल की नजर में वे अपने ही स्वाँग के कारण डरपोक प्रमाणित हो रहे थे।

अन्ततः अकबर ने सच कह देना उचित समझा। उन्होंने बीरबल से कहा–''बीरबल! अपने राज्य में तुम्हें विलक्षण बुद्धि का व्यक्ति माना जाता है। तुम्हारे आलोचक भी तुम्हारी तर्कबुद्धि की तारीफ करते हैं। मैंने यह रूप बनाकर तुम्हें डराने का प्रयास किया था लेकिन तुम्हारी तर्कबुद्धि से मेरी वास्तविकता छुपी न रह सकी और तुमने मुझे सहजता से पहचान लिया।''

बादशाह की बात सुनकर बीरबल खामोश ही रहा।

तब अकबर ने पुनः कहना शुरू किया–''लेकिन बीरबल! मुझे समझ में नहीं आया कि आखिर तुमने मुझे पहचाना कैसे?''

बीरबल ने हँसकर कहा–''जहाँपनाह! आप जरा अपने हीरे-जवाहरात

के नगीनों से सजे जूते पर नजर डालें और अपनी उँगलियों में चमचमाती बादशाही अँगूठियों की ओर देखें।...क्या अब भी किसी को यह समझने में भूल हो सकती है कि आप कौन हैं?"

अकबर ने उसी समय अपनी एक उँगली से एक अँगूठी निकालकर बीरबल की उँगली में डाल दी और कहा–"सचमुच, बीरबल! अब तक कोई भी ऐसा व्यक्ति मेरी नजरों के सामने नहीं आया जिसमें तुम्हारी जैसी तीक्ष्ण मेधा हो!"

और उसके बाद बीरबल के कमरे में ही अपना स्वाँग उतारकर, अपने सामान्य रूप में अकबर वहाँ से महल लौट आए।

बादशाही मुर्गियों के बीच इकलौता मुर्गा

अकबर और बीरबल के बीच सम्बन्ध कुछ इस तरह प्रगाढ़ हो चले थे कि उनके बीच मर्यादा और औपचारिकता की सीमाएँ टूटने लगी थीं। कई बार उनके बीच चलनेवाली नोक-झोंक में अनुशासन का पालन हो पाना बहुत मुश्किल हो जाता था और उसकी चपेट में सारे दरबारी भी आ जाते थे।

एक बार अकबर ने बीरबल को बेवकूफ बनाने की सोची। इससे पहले जब कभी भी अकबर ने बीरबल को छकाने का प्रयास किया था तब उन्हें मुँह की खानी पड़ी थी। इसलिए अकबर ने अपने इस प्रयत्न में मंत्रियों और दरबारियों को भी शामिल कर लिया था।

अकबर ने अपने मंत्रियों और दरबारियों को इस बात के लिए राजी कर लिया था कि बीरबल जब दरबार में आएगा तब बादशाह अकबर उसे बताएँगे कि रात को उन्होंने एक स्वप्न देखा है जिसमें फरिश्ते ने उनसे कहा कि राजमहल के पास जो तालाब है उसमें उसके दरबारी बारी-बारी से गोता लगाएँ। जो दरबारी एक अंडे के साथ तालाब से निकलेगा, वह शरीफ दरबारी होगा और जो दरबारी बिना अंडे के बाहर निकलेगा वह होगा पक्का शैतान! इतना बताकर अकबर ने सभी मंत्रियों एवं दरबारियों को एक-एक अंडा दिलवा दिया जिसे उन लोगों ने अपने अन्तःवस्त्रों में छुपा लिये।

जब दरबार में बीरबल आया तो बादशाह अकबर ने ऐलान किया कि उन्होंने रात में एक सपना देखा है। उन्होंने योजना के मुताबिक सपने का विवरण दिया और इसके बाद मंत्रियों एवं दरबारियों से चलकर तालाब में बारी-बारी से डुबकी लगाने को कहा।

बीरबल यह देखकर चकित रह गया कि अकबर के स्वप्न की चर्चा

सुनकर किसी भी दरबारी ने कोई टिप्पणी नहीं की और न किसी मंत्री ने कोई सवाल ही उठाया। आश्चर्यजनक रूप से सबके सब तालाब में डुबकी लगाने के लिए तैयार हो गए। यह सवाल बीरबल के मन में उमड़ने-घुमड़ने लगा। अब चूँकि सबके सब तालाब की ओर जा रहे थे इसलिए बीरबल की भी मजबूरी हो गई कि वह भी उनके साथ रहे। बीरबल ने एक विचित्र बात यह भी महसूस की कि सभी दरबारी अधिक चपल और प्रसन्न दिख रहे थे। बादशाह, जो ऐसे मौकों पर बीरबल को साथ रखना पसन्द करते थे, अपने मंत्रियों के साथ चल रहे थे। इस भीड़ में बीरबल खुद को अकेला पा रहा था।

तालाब के किनारे पहुँचने के बाद वहाँ बादशाह अकबर के बैठने की व्यवस्था हुई। बादशाह के तख्त के पास एक टोकरी भी रख दी गई। थोड़ी ही देर में तालाब के आस-पास का नजारा बदल गया। एक-एक करके दरबारी तालाब में उतरते, डुबकी लगाते और हाथ में मुर्गी का एक अंडा लिए बाहर निकलते और अंडे को बादशाह के पास रखी टोकरी में रखकर तख्त के दूसरी तरफ दरबारियों के लिए बनाए गए स्थान पर जाकर बैठ जाते।

सभी मंत्रियों और दरबारियों ने डुबकी लगा ली थी। सबके सब अंडे के साथ तालाब से बाहर आए थे।

अन्त में अकबर ने बीरबल से कहा– "बीरबल! अब तुम भी डुबकी लगा ही लो!"

बीरबल का मस्तिष्क तेज गति से काम कर रहा था और उसे विश्वास हो चला था कि इस डुबकी लगाने वाले खेल में बादशाह भी शामिल हैं वरना यदि इन डुबकियों में बादशाह के सपनोंवाली हकीकत होती तो अनेक धूर्त मंत्रियों और कुटिल दरबारियों के हाथ में तो अंडे नहीं आते। यह सब सोचते हुए बीरबल तालाब में उतरा, डुबकी लगाई लेकिन उसके हाथ में कोई अंडा नहीं आया।

बीरबल तालाब से निकलते-निकलते एक निर्णय पर पहुँचा और जोर से मुर्गे की तरह बाँग दी। वह बाँग देते-देते ही बादशाह के पास पहुँचा।

अकबर ने उसे खाली हाथ आया देखकर पूछा–"बीरबल! तुम बिना अंडे के?"

बीरबल ने फिर से जोरदार बाँग लगाई और कहा–''जहाँपनाह! आपकी अंडा देनेवाली मुर्गियों के बीच मैं ही तो एकमात्र मुर्गा था। अब मेरी बात का भरोसा न हो तो आप भी पानी में उतरकर आजमा लें!"

बीरबल की बात सुनकर बादशाह भी झेंप गए और मंत्रियों एवं दरबारियों की जुबान लज्जा के कारण खुल नहीं पाई।

बादशाह ने अपनी झेंप मिटाते हुए कहा–''बीरबल! तुमसे पार पाना मुमकिन नहीं है।''

बाल पर सवाल

अकबर और बीरबल के बीच एक विचित्र सम्बन्ध था। दोनों के बीच नोक-झोंक और एक-दूसरे पर कटाक्षों का उपयोग खूब हुआ करता था। वाक्-चातुर्य अकबर में भी था किन्तु बीरबल प्रायः बाजी मार जाता था। एक बार अकबर ने बीरबल से पूछा—"बीरबल! तुम तो जानकारियों का खजाना हो, मुझे एक बात बताओगे?"

"पूछिए जहाँपनाह! अगर बुद्धि काम करेगी तो जरूर बताऊँगा।" बीरबल ने कहा।

"असल में, मैं आज तक नहीं समझ पाया कि मेरी हथेली पर बाल क्यों नहीं उगते जबकि मेरे शरीर के अधिकांश हिस्से में किसी न किसी रूप में बाल मौजूद हैं...बस, मुझे अपनी हथेली देखकर हैरत होती है कि वहाँ बाल क्यों गैर-हाजिर हैं?" अकबर ने सवाल किया।

बीरबल ने शीघ्रता से कहा—"बस, महाराज! इतनी सी बात? मैं तो समझा था कि कोई मुश्किल सवाल आपको परेशान किये दे रहा है।"

"हाँ, बीरबल, इसी बात से परेशान हूँ। तुम बताओ तो सही कि मेरी हथेली पर बाल क्यों नहीं हैं?" अकबर ने व्यंग्य भाव से मुस्कुराते हुए पूछा।

"जहाँपनाह! आप दरियादिल बादशाह हैं। अपनी रियाया से आप बेइन्तहाँ मुहब्बत करते हैं और उन्हें किसी तरह की परेशानी में देखना आपको मंजूर नहीं, इसलिए जब कभी भी आपके द्वार पर कोई मुसीबत का मारा आता है तब आप उसकी मदद करते हैं। जरूरतमन्दों को दान देते रहने के कारण आपकी हथेली पर बाल उग नहीं पाते। आपकी हथेलियों पर बाल नहीं उगने का कारण बिलकुल यही है।" बीरबल ने कहा।

अकबर खुश हुए और अपनी सामान्य दिनचर्या में लग गए। बीरबल भी अपने काम में मग्न हो गया।

कुछ दिन बीतने के बाद अकबर ने बीरबल से एक दिन अचानक ही पूछ लिया–"अरे, बीरबल! तुम्हारी हथेली पर भी तो बाल नहीं हैं? इसका मतलब है कि तुम भी दानी हो!"

बीरबल को इस बात का अन्देशा था कि कभी भी अकबर उससे यह सवाल पूछ सकते हैं इसलिए वह पहले से तैयार था। उसने छूटते ही कहा–"महाराज! मेरी हथेली पर बाल नहीं होने का कारण दान देना नहीं, दान लेना है। आप मुझे दरबार में छोटी-छोटी उलझनें सुलझाने का अवसर देते हैं और मेरे समाधान पर प्रसन्न होकर मुझे इनाम देते रहते हैं। आपसे इनाम लेते-लेते मेरी हथेली उनकी अभ्यस्त हो गई है। इनाम की बारम्बारता ऐसी है कि इन हथेलियों पर बाल उग ही नहीं पाते!"

अकबर बीरबल के इस चालाकी भरे उत्तर से बहुत खुश हुए।

इसके कुछ दिन बाद अपने दरबार में अकबर ने बीरबल से पूछा–"बीरबल! तुमने मेरी हथेली और अपनी हथेली पर बाल नहीं होने का कारण तो बता दिया। आज तुम यह देखो कि मेरे दरबार में जितने भी दरबारी हैं, उनमें से किसी की हथेली पर बाल नहीं हैं, ऐसा क्यों है?"

बीरबल इस प्रश्न का उत्तर भी पहले से सोच रखा था। उसने मुस्कुराते हुए कहा–"जहाँपनाह! सच्ची बात यह है कि दरबार में जब भी आप मुझे इनाम देते हैं, तब तमाम दरबारी हाथ मलने लगते हैं क्योंकि उन्हें भी इनाम पाने की हसरत है और उनकी हसरत पूरी नहीं हो पाती। हताशा में हाथ मलने के सिवा वे और कर भी क्या सकते हैं? इसीलिए जहाँपनाह, उनकी हथेली पर बाल नहीं उग पाते!"

इसके बाद अकबर ने बीरबल से हथेली के बाल के बारे में कभी भी कोई सवाल नहीं पूछा।

बात-बात में बात

"बातें भी खूब चीज हैं जहाँपनाह! कुछ बोलिए तो जन्म लेती है बात। बातें मतलब की हों तो सुननेवाला खुश हो जाता है। बातें मतलब की न हुईं तो निराश करती हैं। बातों में सन्देश निहित हो तो सूचना बन जाती है बातें। बातों में निर्देश निहित हों तो आदेश बन जाती हैं बातें। बातों में गुजारिश हो तो प्रार्थना बन जाती हैं बातें। बातों में प्रशस्ति हो तो स्तुति का जन्म होता है...कितना कहूँ, बातों में तो सारा जहाँ समाया हुआ है, जहाँपनाह! यहाँ तक कि जिसे आप बकवास कहते हैं, वे भी क्या हैं...? आखिर हैं तो वे भी बातें ही।"

अकबर के दरबार में तकरीर का ऐसा नजारा प्रायः देखने को मिल जाता था। अकबर ऐसे बादशाह थे जिन्हें अक्ल और हुनरवाले लोगों में खास दिलचस्पी थी। उनके दरबार में कलाकारों, फनकारों की बड़ी कद्र थी इसलिए अकबर का दिल जीतने के लिए और कुछ इनाम पाने की चाह में दरबारी मौका मिलते ही अपनी बुद्धि का इस्तेमाल करने से नहीं चूकते थे।

एक दिन दरबार में बात ही बात में 'बात' पर चर्चा शुरू हो गई और एक दरबारी बात पर कुछ लम्बा बोल गया।

अकबर को उस दरबारी की बातें अच्छी लगीं, फिर भी उसने बीरबल का नजरिया जानने के उद्‌देश्य से पूछा–"तुम्हारा क्या खयाल है बीरबल?"

बीरबल ने कहा–"महाराज! मैं बातों की दो किस्में ही जानता हूँ–एक है सच्ची बात और दूसरी है–झूठी बात!"

अकबर ने बातों में रस लेते हुए पहलेवाले दरबारी से पूछा–"अब तुम्हारा क्या खयाल है?"

वह दरबारी बीरबल की बातें सुनकर जल-भुन गया और बोला—"अब बीरबल यह भी बता दें कि सच और झूठ में कितना अन्तर है?"

अकबर ने कहा—"बताओ बीरबल!"

"जितना आँख और कान में है।" बीरबल ने हँसते हुए कहा।

अकबर को बीरबल की बात समझ में नहीं आई तो उन्होंने पूछा—"तुमने जो कहा, उसका मतलब क्या है, यह बताओ बीरबल।"

बीरबल ने उसी लय में कहा—"जहाँपनाह! आँखों से देखी गई बात सच होती है और कान से सुनी बात झूठ।"

अकबर को बीरबल की उक्ति पसन्द आई और इसके लिए अकबर ने बीरबल को शाबाशी दी।

बादशाह की दहशत

अकबर के दरबार में जिस तरह बीरबल अपनी सूझ-बूझ के कारण चर्चा में रहता था, उसी तरह उसकी चर्चा आस-पास के रजवाड़ों में भी होने लगी थी।

बीरबल की काबिलीयत के बारे में जानकर एक राजा ने बीरबल को अपने राज्य में आने का न्योता भेजा। बीरबल ने बादशाह अकबर से मशवरा कर उस न्योते को स्वीकार कर लिया। नियत तिथि को बीरबल उस राजा के दरबार में उपस्थित हो गया।

राजा ने बीरबल की आवभगत की और दरबारियों से उसका परिचय कराया। परिचय के बाद उस राजा के दरबार में बहस का सिलसिला चल पड़ा।

चूँकि बीरबल उस दरबार में अतिथि था इसलिए राजा ने उसे मौका देने के उद्‌देश्य से छोटे-छोटे शीर्षकों पर दरबार में विचार माँगे।

राजा ने सवाल किया–"मुहब्बत क्या है?"

सभी दरबारी मुहब्बत या प्रेम पर अपने विचार देने लगे।

अन्त में राजा ने बीरबल से पूछा–"आप बताएँ बीरबल!"

बीरबल ने अब तक दरबारियों द्वारा कही बातें सुनी थीं और पाया था कि दरबारियों ने मुहब्बत पर जो कुछ भी कहा था उससे मुहब्बत का स्वरूप स्पष्ट नहीं हुआ था इसलिए उसने बहुत संयत स्वर में कहा–"महाराज! मेरी दृष्टि में मुहब्बत रूह की खुराक है। यह ऐसी अमृत-बूँद है जो मृत-भावों को भी जीवित कर देती है। मुहब्बत आत्मिक वरदान है। सच कहा जाए तो मुहब्बत जिन्दगी की सबसे पाक, सबसे ऊँची और सबसे मुबारक बरकत है।"

बीरबल की बातें सुनकर राजा बहुत खुश हुआ। दरबारियों ने भी तालियाँ बजाकर बीरबल की तकरीर का स्वागत किया।

बीरबल ने आगे कहा–"महाराज! मुहब्बत कभी लेने का दावा नहीं करती है, हमेशा देने की तमन्ना रखती है। हमेशा कष्ट सहती है, न कभी झुँझलाती है और न कभी बदला लेती है।"

दरबार में फिर तालियाँ बजीं।

बीरबल ने कहना जारी रखा– "मुहब्बत में चतुराई नहीं चलती। दरअसल चतुर व्यक्तियों से इसका वास्ता नहीं है। यह तो सरल हृदयों में ही जन्म लेती है और महबूब के प्रति समर्पित होकर परवान चढ़ती है। दुनिया मुहब्बत को व्याधि समझती है, मगर महाराज! मुहब्बत महबूब में संजीवनी शक्ति भर देती है।"

मुहब्बत पर बीरबल के विचार इतने साफ, बेबाक और सच्चाई भरे थे कि राजा और उसके सभासद वाह-वाह कर उठे।

मगर यह वाहवाही छलावा थी, बीरबल के सामने यह बात उसी दिन स्पष्ट हो गई। बीरबल को राजा के महल में बने अतिथि-कक्ष में राजकीय सम्मान के साथ ठहराया गया था। बीरबल जब शाम को फारिग होने के लिए गया तो पाया कि वहाँ गुसलखाने के दरवाजे पर बादशाह अकबर की तस्वीर लगी हुई थी। बीरबल को समझते देर नहीं लगी कि उसे और उसके बादशाह को अपमानित करने के लिए यह तस्वीर वहाँ लगाई गई है। बीरबल ने उस तस्वीर को वहीं लगा रहने दिया।

रात्रि को उसका भोजन राजा के साथ था। राजा के कुछ निकट मित्र भी उस रात्रि भोज में शामिल हुए।

बीरबल भोजन के लिए जब राजा के पास पहुँचा तब सभी आमन्त्रित अतिथि वहाँ पधार चुके थे। राजा ने बीरबल को अपने पास ही बैठाया।

भोजन परोसा जा चुका था, तभी बीरबल ने राजा से पूछा–"महाराज! क्या आपको कब्ज की शिकायत है?"

सबके सामने इस तरह एक अनायास-सा प्रश्न किए जाने से राजा चौंका और पूछा–"क्यों? यह क्या बात हुई? आप यह सवाल क्यों पूछ रहे हैं बीरबल?"

बीरबल ने हँसते हुए कहा–"कुछ नहीं महाराज! गुसलखाने के दरवाजे

पर आपने बादशाह अकबर की तस्वीर लगा रखी है, उसी को देखकर मुझे ऐसा अन्देशा हुआ है।...दरअसल हमारे राजवैद्य का यह प्रचलित नुस्खा है। जब हमारे राज्य का कोई आदमी उनके पास कब्ज की शिकायत लेकर जाता है तब वे उसे कोई दवा नहीं देते, बादशाह की एक तस्वीर थमा देते हैं तथा उसे गुसलखाने के दरवाजे पर लगा देने के लिए कहते हैं। एक दिन मैंने राजवैद्य से उनके इलाज के इस तरीके के बारे में जानना चाहा तो राजवैद्य ने कहा—राज्य के गरीब लोगों का इलाज इस नुस्खे से बहुत आसानी से हो जाता है। बादशाह की लोगों में इतनी दहशत है कि उनकी तस्वीर देखकर ही लोग हाजत महसूस करने लगते हैं।''

बीरबल की बातें सुनकर राजा लज्जित हो गया। रही-सही कसर उनके अतिथियों ने पूरी की। सबने उस राजा को इस अमर्यादित व्यवहार के लिए खरी-खोटी सुनाई। ये सभी जानते थे कि वह राजा अकबर की शानोशौकत से जलता है। बीरबल पर भी यह बात जाहिर हो चुकी थी।

भोजन की मेज पर जब राजा अपने मित्रों से भी अपनी आलोचना सुनते रहने के लिए बाध्य हुआ तब उसे महसूस हुआ कि उसका यह व्यवहार अशोभनीय था। उसने तत्क्षण ही बीरबल से माफी माँगी।

दूसरे दिन बीरबल वहाँ से लौट आया। बीरबल ने अकबर से जब यह वाकया सुनाया तब अकबर खूब हँसे।

बीरबल बना जागीरदार

एक बार बादशाह अकबर, अपने घोड़े पर सवार होकर, कहीं जा रहे थे। उनका घोड़ा बेतरतीब ऊबड़-खाबड़ राह पर सरपट भागा जा रहा था।

बीरबल भी किसी काम से उसी रास्ते से गुजर रहा था। उसे मालूम था कि अकबर जिस राह पर इतनी तेज रफ्तार में अपना घोड़ा दौड़ा रहे हैं उसमें थोड़ी दूरी के बाद ही एक गहरा गड्ढा है। बीरबल ने सोचा–बादशाह को इस सड़क का कोई तजुर्बा नहीं है। वे जिस तरह घोड़ा दौड़ा रहे हैं, इससे किसी हादसे के शिकार हो सकते हैं। ऐसा सोचकर बीरबल ने अकबर को सचेत करने के खयाल से अपने घोड़े को एड़ लगाई और तेज रफ्तार में चलता हुआ बादशाह के निकट पहुँच गया। अपने घोड़े को बादशाह के घोड़े के बराबर चलाते हुए चीखकर कहा–"जहाँपनाह! इस राह पर इतनी तेजी से घोड़ा मत दौड़ाइए! कोई हादसा हो सकता है।"

अकबर ने बीरबल की बातों पर ध्यान नहीं दिया। उनका घोड़ा उसी रफ्तार में भागा जा रहा था कि अचानक बीरबल ने अकबर के हाथ से घोड़े की लगाम झटक कर जोर से लगाम खींच ली जिससे घोड़ा रुक गया।

अकबर ने बीरबल की इस हरकत पर नाराजगी जाहिर करते हुए कहा–"यह क्या बदतमीजी है बीरबल?"

बीरबल ने कहा–"गुस्ताखी माफ हो जहाँपनाह!" फिर अपने घोड़े से उतरकर उसने एक पत्थर का बड़ा टुकड़ा पूरी ताकत से सड़क के सामने की ओर फेंका। पत्थर के टुकड़े के गिरने की आवाज थोड़ी देर बाद सुनाई दी–'छपाक!'

आवाज सुनकर अकबर चौंक उठे।

बीरबल ने आगे कहा– "जहाँपनाह, सामने एक बड़ा खड्ड है जिसमें

अब पानी भर गया है। जाने-अनजाने कई राहगीर इसमें गिरकर काल के गाल में समा चुके हैं। मैं आपको इसीलिए तेज चलने से मना कर रहा था।''

अकबर को बीरबल की बात समझ में आई। उन्होंने अपनी जान बचाने के लिए बीरबल को धन्यवाद कहा और उस दिन उसी स्थान से वापस लौट आए।

बीरबल भी अकबर के साथ ही लौटा।

दरबार लगने पर अकबर के मन में विचार आया कि बीरबल के प्रति उन्हें दरबार में आभार प्रकट करना चाहिए। इससे दरबारियों में बीरबल के प्रति ही नहीं बल्कि खुद उनके प्रति भी अच्छा सन्देश जाएगा। यह विचार मन में आते ही अकबर ने भरे दरबार में सुबह की घटना सुना दी और जान बचाने के लिए बीरबल के प्रति आभार प्रकट किया।

बादशाह को भाव-विह्वल होकर आभार प्रकट करते देख एक दरबारी ने अकबर की हाँ में हाँ मिलाते हुए कहा–''जहाँपनाह! बीरबल तो इनाम के पात्र हैं। आपकी जान बचाने के लिए उन्हें कोई यादगार इनाम दिया जाना चाहिए।''

अकबर भावातिरेक में थे, इसलिए आनन-फानन में उन्होंने बीरबल को इनाम में एक जागीर देने की घोषणा कर दी। इस घोषणा का सभी दरबारियों ने स्वागत किया।

और वह पूरा दिन हादसा टलने की इस घटना की चर्चा में ही बीत गया।

दूसरे दिन से अकबर का दरबार सामान्य दिनों की तरह ही लगने लगा। बीरबल प्रतीक्षा करता रहा मगर उसे घोषणा के अनुरूप अकबर ने जागीर नहीं सौंपी।

समय बीतता रहा।

कई बार संकेतों में तो कभी खुलकर, बीरबल ने अकबर को उसकी घोषणा की याद दिलाई मगर जागीर देने की बात किसी न किसी बहाने टलती रही।

एक दिन अकबर के साथ बीरबल नगर-भ्रमण के लिए निकला। रास्ते में एक पेड़ के नीचे एक मुसाफिर अपना ऊँट बाँधे विश्राम कर रहा था।

ऊँट को देखकर अकबर ने बीरबल से पूछा—"बीरबल! यह ऊँट की गरदन इतनी टेढ़ी क्यों होती है?"

बीरबल ने तपाक से उत्तर दिया—"जहाँपनाह, इसने कभी किसी को जागीर देने का वादा किया था लेकिन उसे निभाया नहीं, इसलिए!"

अकबर झेंप गए और उस दिन ही बीरबल के नाम एक जागीर कर दी।

बीरबल की हत्या की साजिश

एक बार की बात है। अकबर का दरबार लगा हुआ था। सभी दरबारी आ चुके थे। दरबार की कार्यवाही चल रही थी कि इसी बीच एक काजी आया और अकबर से कहा—वह सभी धर्मग्रन्थों का अध्ययन कर चुका है तथा इस दरबार को चुनौती देने आया है कि जो भी चाहे उससे शास्त्रार्थ कर ले। यदि वह हार जाएगा तो एक साल के लिए राजधानी के बाहर चला जाएगा और यदि जीत जाएगा तब उसे एक साल के लिए दीवान बना दिया जाए!

अकबर उस काजी को ऊपर से नीचे तक गम्भीर नजरों से देख रहे थे।

बीरबल को काजी का घमंड नागवार लगा। उसने आगे बढ़कर कहा—"जहाँपनाह! आपकी इजाजत हो तो मैं इस काजी से शास्त्रार्थ करूँगा। आप चाहें तो इसकी शर्तें मंजूर कर लें।"

अकबर ने शास्त्रार्थ की आज्ञा दे दी।

काजी और बीरबल के बीच शास्त्रार्थ हुआ और काजी शास्त्रार्थ में पराजित हो गया। शर्त के मुताबिक काजी एक वर्ष के लिए राजधानी के बाहर कर दिया गया।

राजधानी से निकाले जाने के समय काजी ने संकल्प लिया कि वह बीरबल को अकबर के दरबार में सभी दरबारियों के सामने मारेगा और उसका बाल भी बाँका नहीं होगा।

राजधानी से निकाले जाने के बाद काजी ने एक बहुरुपिए के घर में शरण ली। बहुरुपिया उसकी विद्वत्ता से प्रभावित होकर उससे ज्ञान की बातें सीखता था और बदले में काजी को अपना फन सिखलाता था।

एक साल पूरा होते-होते काजी मँजा हुआ बहुरुपिया बन गया। साल

पूरा होने पर वह राजधानी लौट आया किन्तु खुद को प्रकट नहीं किया और न अपने घर गया। वह राजधानी के चौराहों पर रूप बदलकर हैरतअंगेज करतब दिखाता फिरता।

अकबर के पास भी खबर पहुँची कि राजधानी में एक बहुरुपिया हैरतअंगेज करतब दिखलाता हुआ घूम रहा है।

अकबर स्वभाव से कलाप्रेमी थे। जब उन्होंने बहुरुपिए की चर्चा सुनी तब उनका भी मन हुआ कि वह उसकी कला का आनन्द उठाएँ। इसलिए एक दिन आदमी भेजकर बहुरुपिए को बुलवा लिया।

जब बहुरुपिया आया तब अकबर ने उसे अपनी कला का प्रदर्शन करने को कहा।

बहुरुपिए ने जवाब दिया–"जहाँपनाह! मैं अपनी कला का प्रदर्शन चीता बनकर जैसा करता हूँ वैसा प्रदर्शन किसी अन्य रूप में नहीं कर सकता। चीता मेरा सबसे अच्छा स्वाँग है किन्तु इसमें जोखिम बहुत है क्योंकि इसमें मेरा आक्रमण वास्तविक चीते से भी अधिक पैना और घातक हो सकता है जिससे किसी की जान भी जा सकती है। इसलिए जहाँपनाह! मुझे एक खून की माफी मिले! वैसे किसी का खून करना मेरी नीयत नहीं है मगर कला तो कला है, न जाने किस अंजाम तक पहुँचे।"

अकबर ने उसे अपनी कला का प्रदर्शन करने की आज्ञा दे दी और एक खून की माफी भी।

इसके बाद काजी ने अपनी दूसरी चाल चली। उसने अकबर से कहा– "जहाँपनाह! मैंने सुना है कि बीरबल बहुत समझदार और मेधावी है। मैं चाहता हूँ कि आपके दरबार में मैं जिस समय अपनी कला का प्रदर्शन करूँ, उस समय दरबार में बीरबल अवश्य मौजूद रहकर मेरा प्रदर्शन देखें। मेरी गुजारिश है कि बीरबल रहें तब ही मुझे अपनी कला का प्रदर्शन करने को कहा जाए।"

अकबर ने इस बात की भी स्वीकृति दे दी।

काजी के कला-प्रदर्शन का समय तय कर दिया गया। उसका प्रदर्शन दूसरे दिन दरबार लगने के बाद शुरू होना था।

दरबार से लौटते समय बीरबल उस बहुरुपिए के बारे में ही सोच रहा था। कितनी विचित्र बात थी कि उसने चीता के खतरों के प्रति आगाह करते हुए घोषणा कर दी थी कि उसके कला-प्रदर्शन के समय किसी की जान भी जा सकती है और उसने बादशाह से एक खून माफ करा लिया था अर्थात् यदि उसने भरे दरबार में किसी की हत्या भी कर दी तो उसे सजा नहीं हो सकती। अचानक बीरबल के रोंगटे यह सोचते हुए खड़े हो गए कि बहुरुपिए ने बार-बार कहा कि यदि बीरबल होंगे तब ही वह अपनी कला का प्रदर्शन करेगा।

सारी घटना पर विचार करते हुए बीरबल संशय में पड़ गया कि आखिर बहुरुपिया क्यों चाहता है कि जब वह चीता बने तो दरबार में बीरबल अवश्य रहे? एक खून की माफी लेने के पीछे उसका मकसद क्या हो सकता है? यह सब विचार करने के बाद बीरबल ने मन-ही-मन कुछ फैसला किया और निश्चिन्त होकर उसने घर की राह ली।

घर पहुँचकर उसने कुछ तैयारियाँ कीं और फिर भोजन करने के बाद विश्राम करने चला गया।

दूसरे दिन बीरबल जब तैयार होकर दरबार के लिए निकला तो अन्य दिनों की अपेक्षा उसका शरीर अधिक गठीला और तना हुआ प्रतीत हो रहा था। दरबार पहुँचकर बीरबल अपने लिए निर्धारित स्थान पर बैठ गया।

थोड़ी देर में सभी दरबारी पहुँच गए। बादशाह अकबर के आने के बाद बहुरुपिए के आने की प्रतीक्षा होने लगी।

अचानक एक चीता उछलता हुआ दरबार में आया। इधर-उधर उछलते हुए कुछ दरबारियों के सामने पंजा चलाया। दरबारी समझ गए कि दरबार में चीता के रूप में वही बहुरुपिया अपना करतब दिखा रहा है। चीता के पंजों में नाखून के स्थान पर बहुत पैनी धारवाले चाकू लगे हुए थे। जब चीता किसी पर झपट्टा मारता था तब उसके नाखून तन जाते थे और चाकुओं के पाँच-पाँच फल इस तरह निकल जाते थे मानो कोई पाँच चाकू से प्रहार करने को तत्पर हो!

इधर-उधर उछलने के बाद अचानक चीता उछला और बीरबल पर छलाँग लगाकर उसे दबोच लिया।

बीरबल सम्भवतः इस स्थिति के लिए तैयार था। उसने अचानक चीते

के सिर पर हथौड़े से प्रहार किया और उसके आसन के पास खड़े चार जवान अचानक प्रकट हो गए और तुरन्त चीते को दबोच लिया। उसके पंजों में बँधे नाखून खोल लिये गए।

अब तक अकबर कुछ समझ नहीं पाए थे। भ्रमित से सामने का मंजर देख रहे थे।

बीरबल चीते से मुक्त होने के बाद अपने स्थान पर खड़ा हुआ और अपने वस्त्र ठीक करने लगा। उसके वस्त्र चीते के नाखून बने चाकुओं की धार से जगह-जगह कट गए थे। सीने के सामने के वस्त्र का कपड़ा नुच गया था जिससे उसके नीचे पहले से पहने गए कवच का चमचमाता धातु साफ दिखने लगा था।

अकबर को जैसे होश आया। उनकी तन्द्रा टूटी और सारा माजरा समझ में आने लगा। उन्होंने बीरबल से पूछा–"क्या बात है बीरबल! यह सब क्या हो रहा है?"

बीरबल ने संयत स्वर में कहा–"जहाँपनाह! यह बहुरुपिया मेरी हत्या करना चाहता था लेकिन इसकी योजना विफल हो गई और यह अपनी साजिश को अंजाम देने की कोशिश में भरे दरबार में रँगे हाथ पकड़ लिया गया।"

यह तुम क्या कह रहे हो बीरबल? भला वह बहुरुपिया कलाकार तुम्हारी हत्या क्यों करना चाहता था? अकबर ने विस्मय से भरे स्वरों में पूछा।

"जहाँपनाह! मुजरिम अभी दरबार में है। उससे यही तो पता लगाना है कि आखिर किन कारणों से वह मेरी हत्या करना चाहता था!" बीरबल ने कहा।

तमाम दरबारी इस समय बीरबल के पक्ष में थे। सबने बादशाह से सच्चाई अविलम्ब सामने लाने की माँग की।

अकबर ने इशारा किया और बहुरुपिए का चीतेवाला लबादा नोंचकर उसे अर्धनग्न अवस्था में दरबार में खड़ा किया गया और उसके पंजों से बीस तेज धारवाले चाकू निकालकर बादशाह के सामने पेश किए गए।

बीरबल ने आगे बढ़कर कहा–"जहाँपनाह! आपको याद होगा कि इस आदमी ने कल भरे दरबार में चीता का रूप धरने के लिए एक खून की

माफी मुकर्रर करवा ली थी और शर्त रखी थी कि यदि बीरबल दरबार में होगा तब ही वह अपना करतब दिखलाएगा। उसकी इसी शर्त से मुझे उस पर सन्देह हुआ और आज मैं कवच पहनकर दरबार में आया। चीता बनकर इस आदमी ने मेरे ऊपर जानलेवा हमला किया तथा अपने पंजों में लगे चाकुओं से मुझ पर कई घातक प्रहार किए। यदि मैं कवच से अपने शरीर को नहीं ढका होता तो निश्चित रूप से इसकी साजिश का शिकार हो गया होता। दरबार आने से पहले ही मैं सुरक्षा अधिकारी से मिलकर ऐसी व्यवस्था कराने का आग्रह कर आया था कि यदि बहुरुपिया मुझ पर हमला करे और स्थिति बेकाबू होती दिखे तो बहुरुपिए को काबू में किया जा सके, जिसके कारण यह बहुरुपिया जवानों द्वारा पकड़ लिया गया। चूँकि इस घटना के दौरान आप स्वयं मौजूद थे इसलिए मुझे किसी गवाह की आवश्यकता नहीं। जो कुछ भी हुआ है, उसका चश्मदीद गवाह दरबार में मौजूद हर शख्स है। मेरी गुजारिश है जहाँपनाह कि इस बहुरुपिए से यह पता किया जाए कि वह मेरी हत्या क्यों करना चाहता था!''

उन रंगरूटों से, जिन्होंने इस बहुरुपिए को काबू कर रखा था, अकबर ने कहा–''इस आदमी के हाथ-पाँव बाँधकर इसे तब तक कोड़े मारो जब तक कि यह सारी हकीकत बयाँ न कर दे।''

हुक्म की तामील हुई। दस-पन्द्रह कोड़ों की मार के बाद ही उस व्यक्ति ने अपना अपराध कबूल लिया। उसने बादशाह को याद दिलाया कि इस दरबार का दीवान बनने की ख्वाहिश में एक बार वह इस दरबार में आया था और बीरबल से शास्त्रार्थ कर पराजित हो गया था जिसके कारण उसे राजधानी से एक साल के लिए निष्कासित कर दिया गया था। राजधानी से निकलते वक्त उसने संकल्प लिया था कि वह बीरबल से बदला लेगा और उसी बदले की भावना से वह बीरबल की हत्या के इरादे से दरबार में आया था।

इस स्वीकारोक्ति के बाद उस व्यक्ति को अकबर ने कारागार में डलवा दिया और दरबार में बीरबल की सूझ-बूझ की भूरि-भूरि प्रशंसा हुई।

बेलदारी से मुक्ति

अकबर और बीरबल के बीच छोटी-मोटी नोक-झोंक प्रायः हो जाती थी। बीरबल का दिमाग इतनी तेज गति से काम करता था कि अकबर उसकी चपेट में आए बिना नहीं रहते थे।

एक बार इसी तरह किसी बात पर अकबर बीरबल से नाराज हो गए और उन्होंने बीरबल को सजा सुना दी– "जाओ! अब बेलदारों का काम करो!"

अब यह बादशाह का आदेश था। बीरबल को मानना ही था सो वह बेलदारों का लिबास पहनकर बेलदारों की तरह रहने लगा।

इस घटना के एक-दो दिन बीत जाने के बाद अकबर घोड़े पर सवार होकर कहीं जाने के लिए निकल गए।

उस वक्त बीरबल बेलदारों के कपड़े में था। उसने जब अकबर को घोड़े पर सवार होकर जाते देखा, अस्तबल में बँधे एक गधे को खोला और उस पर सवार होकर उसी सड़क पर दौड़ाने लगा जिससे बादशाह को गुजरना था।

अब एक अजीब नजारा उस सड़क पर था।

अकबर जब अपने घोड़े को तेज दौड़ाने की कोशिश करते तो बीरबल का गधा कभी टिकटिक करता सड़क के एक किनारे आ जाता तो कभी दूसरे किनारे। इस अजीब दौड़ में बीरबल बेसाख्ता चीखता भी जा रहा था– "गधे! हुजूर आ रहे हैं।"

बेलदार के लिबास में बीरबल का व्यक्तित्व बदल गया था जिसके कारण अकबर उसे पहचान नहीं पाए और क्रोधित होकर गधेवाले को डाँटते हुए कहा–"अबे ओ गधे वाले! इस तरह गधे को दौड़ाकर तुम सड़क को क्यों घेर रहे हो? देखते नहीं...मैं आ रहा हूँ?"

अकबर की डपट सुनकर बीरबल ने कहा–"मैं तो कब से चीख रहा हूँ–गधे! हुजूर आते हैं..."

बीरबल की यह बात सुनकर अकबर को हँसी आ गई और उन्होंने बीरबल को उसी समय बेलदार बने रहने की सजा से मुक्त कर दिया।

भंगिमा में बातचीत

बीरबल जिस तरह हाजिरजवाब था, उसकी पुत्री भी उसी की तरह समझदार, तीव्र बुद्धि और हाजिरजवाब थी। जब बीरबल की बेटी मात्र पाँच-छः साल की थी तब एक बार उसकी इच्छा हुई कि वह भी किसी दिन अकबर के दरबार में जाए और देखे कि बादशाह दरबार में क्या करते हैं। बादशाह के दरबार में काम-काज कैसे होता है। बादशाह के दरबार में उसके पिता किस तरह काम करते हैं।

मतलब यह कि उस छोटी बच्ची के मन में बादशाह के दरबार से सम्बन्धित ढेरों छोटी-छोटी जिज्ञासाएँ थीं और वह अपने ढंग से अपनी जिज्ञासाएँ शान्त करना चाहती थी।

उसके द्वारा बार-बार अनुनय किये जाने पर एक दिन बीरबल अपनी बेटी को अकबर के दरबार में ले गया।

अकबर उसे देखकर बहुत प्रसन्न हुए और कहा—"बीरबल! तुम्हारी पुत्री तो बहुत प्यारी है। जरूर यह तुम्हारी तरह चतुर भी होगी!"

"मैं क्या कहूँ, जहाँपनाह! आप स्वयं देख लें!" बीरबल ने विनम्रता से उत्तर दिया।

अकबर ने मुस्कुराते हुए बच्ची से पूछा—"क्यों बेटी, तुम बातचीत करना तो अवश्य जानती होगी?"

"जी हाँ, जहाँपनाह, आवश्यकता पड़ने पर कुछ-कुछ बात कर ही लेती हूँ।" लड़की ने उत्तर दिया।

"कुछ-कुछ बात करने का क्या मतलब हुआ?" अकबर ने बातचीत जारी रखने के लिए बच्ची से पूछा।

इस प्रश्न के उत्तर में बीरबल की पुत्री ने बादशाह की ओर देखा और

फिर नजरें झुका लीं और पास ही खड़े एक ढाई-तीन साल के बच्चे के गाल सहलाने लगी।

बीरबल की पुत्री को जवाब में कुछ कहता न देख अकबर ने बीरबल से कहा–"मुझे तो कई दरबारियों से एक ही बात सुनने को मिली थी कि तुम्हारी बेटी बहुत चतुर है और बहुत ही प्यारी बातें किया करती है किन्तु वह तो मेरे एक प्रश्न का उत्तर देने में संकोच कर गई।"

"जहाँपनाह! लड़की ने आपकी ओर देखकर अपनी नजरों को झुका लिया। इसका यही मतलब था कि आप मुझसे बहुत बड़े हैं इसलिए मैं आपसे कुछ बात ही कर सकती हूँ। और इसके बाद मेरी पुत्री ने पास ही खड़े एक छोटे बच्चे के गाल को सहलाकर यह भी जता दिया कि यह मुझसे छोटा है। मैं इसके साथ खेल सकती हूँ और ढेर सारी बातें कर सकती हूँ। आप तो जानते ही हैं जहाँपनाह कि हम लोगों के परिवार में लड़कियाँ कम बोलती हैं इसलिए उन्हें भंगिमाओं से अपनी बातें कहने की कुशलता भी सीखनी होती है।"

बीरबल की बातें सुनकर अकबर की शंका दूर हो गई और उन्होंने बीरबल की पुत्री के साथ बैठकर देर तक बातें कीं तथा उसे ढेरों उपहार देकर विदा किया।

मुल्ला दोप्याजा की पगड़ी

अकबर एक महान सम्राट ही नहीं थे, कला-प्रेमी और कला-पारखी भी थे। किसी कार्य को निपुणता से किया जाना उन्हें बेहद पसन्द था। अपने दरबारियों में बीरबल की पगड़ी बाँधने की कला का वह प्रशंसक थे।

एक दिन बीरबल नये तरीके से पगड़ी बाँधकर आया। अकबर को उसकी पगड़ी का सौन्दर्य भा गया और दरबार में उन्होंने उस दिन दरबारियों के बीच चर्चा छेड़ दी–"देखा आप लोगों ने! बीरबल ने आज कितने शानदार ढंग से पगड़ी बाँधी है? मैं तो मुग्ध हो गया उसकी पगड़ी देखकर। मैं किसी दिन समय निकालकर बीरबल से पगड़ी बाँधना सीखूँगा।"

दरबारियों ने भी देखा–बीरबल की पगड़ी वाकई शानदार थी। उस पगड़ी में बीरबल जहाँ कुलीन लग रहा था वहीं उसकी उम्र भी कम लग रही थी। बादशाह की देखादेखी दरबारियों ने भी बीरबल की पगड़ी की सराहना की। केवल एक दरबारी मौन साधे रहा। वह था–मुल्ला दोप्याजा!

बादशाह का मुँहलगा दरबारी होने के कारण मुल्ला दोप्याजा किसी की परवाह नहीं करता था। बीरबल का वह कटु आलोचक था और उस दिन बादशाह द्वारा खुले दरबार में बीरबल की प्रशंसा किए जाने से वह चिढ़ गया था।

तभी एक दरबारी ने मुल्ला दोप्याजा से पूछा–"क्या बात है मुल्ला! तुम्हें खामोश देखकर तो लगता है कि तुम्हें बीरबल की पगड़ी पसन्द नहीं आई?"

मुल्ला ने पलटकर जवाब दिया–"ठीक है, पगड़ी अच्छी बँधी है मगर ऐसी भी अच्छी नहीं कि मुल्ला दोप्याजा उसकी तारीफ करे। मेरी पगड़ी देखो, क्या यह खराब बँधी है? मैं चाहूँ तो बीरबल की पगड़ी से भी अच्छी पगड़ी बाँध सकता हूँ। बादशाह को न जाने क्या हुआ है कि वे बीरबल

की तारीफ किए जा रहे हैं।"

बात आई-गई हो गई। वह दरबारी उस समय खामोश हो गया किन्तु दूसरे दिन दरबार में एक ही चर्चा थी कि मुल्ला दोप्याजा ने कहा है–'बादशाह न जाने क्यों बीरबल की तारीफ करते हैं जबकि मैं बीरबल से अच्छी पगड़ी बाँधता हूँ।'

दरबार में शाम होते-होते मुल्ला दोप्याजा के इस जुमले में न जाने कितने रंग चढ़ गए। बात उसी दिन अकबर के कानों तक भी पहुँची और उन्होंने तय कर लिया कि मुल्ला दोप्याजा से अच्छी पगड़ी बाँधकर दिखाने को वे अवश्य कहेंगे।

अगले दिन अकबर ने मुल्ला दोप्याजा से कहा–"मुल्ला दोप्याजा! सुना है, आप बहुत बढ़िया पगड़ी बाँध लेते हैं। कल जब आप दरबार में आएँ तब जितनी अच्छी पगड़ी बाँधकर आ सकें–आइएगा! जरा मैं भी तो देखूँ आपके हुनर का कमाल!"

मुल्ला दोप्याजा के लिए अब एक ही विकल्प था कि कल के दरबार में वह इतने शानदार ढंग से पगड़ी सिर पर लगाकर आए कि सभी उसकी तारीफ करें। बादशाह का हुक्म था। उस पर अमल होना ही था।

दूसरे दिन मुल्ला दोप्याजा शानदार पगड़ी पहनकर दरबार में आया। जिसने भी उसकी पगड़ी देखी उसी ने उसकी तारीफ की।

अकबर ने जब उसकी पगड़ी देखी तब उन्होंने कहा–"मुल्ला! अब तो मैं बीरबल की बजाय तुमसे ही पगड़ी बाँधना सीखूँगा।"

जिस समय अकबर मुल्ला दोप्याजा से ये बातें कर रहे थे, उस समय बीरबल वहीं पर खड़ा था। उसने तुरन्त कहा–"लेकिन जहाँपनाह! मुल्ला आपको पगड़ी बाँधना कैसे सिखा सकते हैं? उनकी पगड़ी तो उनकी पत्नी बाँधती है।"

बीरबल के इस कटाक्ष पर मुल्ला दोप्याजा तिलमिला गया।

उसी समय अकबर ने पूछा–"क्या सच?"

"नहीं विश्वास हो रहा है मेरी बात पर तो आप मुल्ला दोप्याजा से कहें कि दरबार में अपनी पगड़ी खोलकर दुबारा बाँधकर दिखा दें! हाथ कंगन को आरसी क्या!" बीरबल ने कहा।

अकबर ने मुल्ला दोप्याजा से कहा–"हाँ, मुल्ला! बीरबल के दावे की

काट के लिए तुम्हें अब पगड़ी खोलकर दरबार में फिर से पगड़ी बाँधनी होगी।''

तैश में आकर मुल्ला दोप्याजा ने अपनी पगड़ी खोल दी।

बीरबल जानता था कि भले ही मुल्ला अच्छी पगड़ी बाँधता हो, मगर दरबार में बिना आईना के वह वैसी पगड़ी कतई बाँध नहीं पाएगा। आमतौर पर बीरबल अपने प्रति द्वेष पालनेवालों के प्रति लापरवाह रहता था किन्तु जब किसी की बात उसे बुरी लग जाती थी तो वह उसे सबक भी सिखाता था। मुल्ला दोप्याजा को सबक सिखाने के लिए ही वह उसे तैश में लानेवाली बातें सुना रहा था।

मुल्ला दोप्याजा ने पगड़ी खोलने के बाद फिर से पगड़ी बाँधी लेकिन अन्दाज से बाँधी गई यह पगड़ी वैसी नहीं बँधी जैसी पगड़ी बाँधकर मुल्ला दोप्याजा दरबार में आया था।

मुल्ला की पगड़ी देखकर सारे दरबारी हँसने लगे।

अकबर ने इस हँसी के बीच ही मुल्ला से कहा–''कोई बात नहीं मुल्ला! कल बीवी से पगड़ी बँधवाकर आना।''

मुल्ला लज्जित-सा खड़ा था तभी कहीं से एक छोटा आईना लाकर बीरबल ने बड़ी ही आत्मीयता से उसके सामने कर दिया और बोला–''पगड़ी सही तो कर लो मुल्ला।''

मुल्ला ने बीरबल को आग्नेय नेत्रों से देखा और बीरबल उसके हाथ में आईना थमाकर वहाँ से मुस्कुराते हुए चला गया।

मूर्खों की सूची

अकबर घोड़े के शौकीन थे। उनकी घुड़साल में विभिन्न नस्लों के घोड़े थे। घोड़ों को चुस्त-दुरुस्त रखने के लिए साईसों की टोलियाँ थीं। घुड़सवार सैनिक दस्ते के जवान भी इन घोड़ों को प्रशिक्षित करने में लगे रहते थे।

एक बार उनके दरबार में अरब का सौदागर आया। यह सौदागर अपने साथ अरबी घोड़ों की नायाब किस्में लेकर आया था। उसने बादशाह को एक सफेद अरबी घोड़ा भेंट किया।

घोड़ा देखकर अकबर की तबीयत खुश हो गई। उन्होंने सौदागर के सारे घोड़े देखे। प्रत्येक घोड़े में कोई न कोई विशेषता थी। जैसे कोई तेज दौड़ता था तो कोई ऊँची छलाँग लगाता था। किसी का रंग आबनूसी था तो कोई काले रंग का था। इस तरह बादशाह को सारे घोड़े पसन्द आ गए और उन्होंने सौदागर को मुँहमाँगी रकम देकर उसके सभी घोड़े खरीद लिये।

जब वह सौदागर जाने लगा तब अकबर ने उसे एक हजार अशर्फियाँ पेशगी देकर और घोड़े लाने को कहा। उस सौदागर ने अकबर से जाते-जाते सौ नस्ली घोड़े ला देने का वादा किया।

घोड़ों की इस खरीद पर अकबर बहुत उत्साहित थे कि अब उनके अस्तबल में अच्छी संख्या में अरबी घोड़े हैं और कुछ ही दिनों में इन घोड़ों की संख्या और बढ़ जाएगी।

बीरबल को जब इन घोड़ों की खरीद के बारे में जानकारी मिली तो वह समझ गया कि बादशाह ठगे गये हैं। बात बादशाह की थी इसलिए कुछ भी बोलने से पहले अच्छी तरह विचार कर लेना आवश्यक था।

बीरबल को जल्दी ही इसका अवसर मिल गया। हुआ यूँ कि एक दिन अकबर के दरबार में चर्चा चली कि मूर्खता क्या है? बहस के दौरान यह

बात भी चर्चा के केन्द्र में थी कि आदमी बड़ा हो या छोटा, अमीर हो या गरीब—कभी-कभी सभी से मूर्खताएँ होती हैं। यह अलग बात है कि किसी की मूर्खता प्रकट हो जाती है और किसी की दबी रह जाती है। कुछ लोग ऐसे भी होते हैं जिनकी मूर्खता पर चर्चा करने की हिम्मत किसी में नहीं होती। दरबार की इस आम राय से बीरबल ने अपनी सहमति जताई।

अकबर ने भी इस चर्चा में भाग लिया और कहा कि आदमी भले ही रसूखवाला हो, यदि उससे मूर्खता हुई है तब उसकी चर्चा अवश्य होनी चाहिए ताकि दूसरे लोग उस तरह की मूर्खता करने से बचें।

अकबर की बात सुनकर बीरबल मुस्कुराया मगर खामोश ही रहा।

उसी दिन चर्चा के अन्त में अकबर ने बीरबल से कहा—"बीरबल! अपने राज्य में कितने चिकित्सक हैं, कितने व्यापारी हैं, कौन किस चीज का व्यापार करता है, आदि के सम्बन्ध में विवरणिका बनवाई गई है। अपने राज्य में कितने मूर्ख हैं, इसकी भी गणना होनी चाहिए। मैं यह कार्य तुम्हें सौंप रहा हूँ क्योंकि तुम ही इस कार्य को संजीदगी से पूरा कर सकोगे।"

बीरबल भी यही चाहता था। जब उसे अकबर ने यह कार्य सौंपा तो वह बहुत प्रसन्न हुआ। उसने अकबर को आश्वस्त किया कि वह यह कार्य पूरी संजीदगी और ईमानदारी से करेगा।

कुछ दिनों के बाद बीरबल ने अकबर को मूर्खों की सूची तैयार करके दे दी।

अकबर ने जब यह फेहरिस्त देखी तो बुरी तरह से चौंक गए और बीरबल को बुलवाया। उस फेहरिस्त में बीरबल ने सबसे पहले अकबर का नाम लिखा था।

जब अकबर के बुलावे पर बीरबल पहुँचा तब अकबर ने उसके द्वारा प्रस्तुत सूची उसके सामने फेंक दी और पूछा—"यही है संजीदगी का सबूत? इस मुल्क का बादशाह तुम्हें मूर्ख नजर आता है?"

बीरबल ने शान्त स्वर में कहा—"जहाँपनाह! अरब जैसे अनजाने देश के सौदागर को बिना नाम-पता जाने, बिना किसी पुराने सरोकार के एक हजार अशर्फियाँ पेशगी देनेवाले व्यक्ति को और किस श्रेणी में रखा जाए?"

अकबर ने उसी तरह आवेश में कहा—"वह रकम उसे नस्ली घोड़े लाने के लिए दी गई है। तुम्हें लगता है कि वह घोड़े नहीं लाएगा?"

"जी हाँ, जहाँपनाह! मुझे ऐसा ही लगता है।" बीरबल ने निर्भीकता से उत्तर दिया।

"और यदि वह घोड़े लेकर आ गया तो?" अकबर ने तैश में आते हुए कहा।

"तो...तो मैं इस सूची से आपका नाम हटाकर उसका नाम डाल दूँगा।" बीरबल ने संक्षिप्त उत्तर दिया।

बाद में अकबर ने स्वीकार कर लिया कि उसने उस सौदागर को पेशगी देकर भूल की।

कहते हैं कि बीरबल की उस सूची में अकबर का नाम ताउम्र बना रहा।

मोचियों का न्याय

एक बार अकबर किसी बात पर प्रसन्न होकर बीरबल को एक जागीर देने की पेशकश कर दी। मगर बीरबल ने बादशाह अकबर की दरियादिली का लाभ नहीं उठाया। उसने अकबर से कहा कि उसने ऐसा कोई कारनामा नहीं किया है कि उसे कोई जागीर बख्शी जाए। बादशाह यदि उन्हें कुछ देना ही चाहें तो एक वचन दें कि अगर उससे कोई खता हो जाए जिसके लिए दंड देना बादशाह जरूरी समझें तो ऐसे आदमी को पंच बनाकर सजा मुकर्रर की जाए जिसे पंच के रूप में स्वयं उसने यानी बीरबल ने चुना हो।

अकबर प्रसन्न थे इसलिए बिना अधिक विचारे, बीरबल को ऐसा करने का वचन दे दिया।

एक बार बीरबल से कोई ऐसी खता हो गई जिसको लेकर अकबर बहुत खफा हुए। उन्होंने कहा–"बीरबल! तुमसे जो खता हुई है वह काबिले-बर्दाश्त नहीं है। इसके लिए तुम्हें कड़ी से कड़ी सजा दी जाएगी। सजा भुगतने के लिए तुम तैयार रहो। कल दरबार में तुम्हारा कसूर बताया जाएगा। काजी जो सजा मुकर्रर कर दे, तुम्हें वह सजा दी जाएगी।"

इतना कहने के बाद अकबर जब थोड़ा शान्त हुए तब बीरबल ने कहा–"जहाँपनाह! मैंने खता की है। कबूल करता हूँ। और मैं सजा का भागी हूँ! कबूल करता हूँ। लेकिन मैं यह कभी कबूल नहीं करूँगा कि मुझे दंड सुनाने के लिए काजी का सहारा लिया जाए। बादशाह सलामत को शायद याद नहीं कि हुजूर ने मुझसे वादा कर रखा है कि जब कभी भी मुझसे कोई कसूर होगा तो मुझे मेरी पसन्द के पंचों से सजा दिलाई जाएगी।"

अकबर को वह प्रसंग याद हो आया जब बीरबल ने जागीर ठुकराकर उनसे यह वादा कराया था। उन्होंने कहा–"ठीक है बीरबल! तुम अपने लिए

पंच तय कर लो लेकिन याद रखना, तुम्हारी खता ऐसी है जिसे कोई भी पंच माफ नहीं करेगा। तुम्हें सजा तो जरूर मिलेगी।"

बीरबल ने स्वीकृति में सिर हिला दिया और सुनवाई के लिए पंचों की तलाश में निकल पड़ा।

थोड़ी देर के बाद जब वह लौटा तो उसके साथ बेहद गरीब तबके के पाँच मोची थे। बीरबल ने अकबर से गुजारिश की कि उसकी खता के लिए ये पाँच मोची जो भी सजा देंगे उसे मान्य होगा।

मोचियों का चेहरा और उनकी फटेहाली देखकर अकबर चकित रह गए कि आखिर बीरबल ने इन जूते मरम्मत करनेवालों में ऐसा क्या देखा जो इन्हें अपना न्यायकर्ता बनाकर ले आया? मगर वे वचनबद्ध थे इसलिए कुछ कहा नहीं।

पाँचों मोचियों को स्नान कराकर उन्हें अच्छे वस्त्र दिए गए जिन्हें पहनने के बाद भी उनके चेहरों पर दयनीयता का भाव बना रहा। दरअसल गरीब आदमी अमीरी के लिबास में खुद को और बेचारा और अकिंचन समझने लगता है। इन मोचियों की मनोदशा भी वैसी ही थी। फिर अकबर ने उन्हें भोजन करा देने के बाद बीरबल की खता सुनाई और कहा कि वे रात भर विचार करने के बाद कल सुबह बीरबल को सजा सुना दें।

ये पाँचों मोची बादशाह द्वारा बताए गए काम को सुनकर घबरा गए। भला दिन भर जूते गाँठकर मुश्किल से पेट भरनेवाले मोची बादशाह और दीवान को सजा सुनाएँगे? उन्हें बादशाह द्वारा सौंपे गए कार्य पर विश्वास नहीं हो रहा था।

बादशाह अकबर ने बीरबल को उसी समय वहाँ से भेज दिया—इस हुक्म के साथ कि वह सुबह आकर सजा सुन ले।

अब पाँचों मोची विचार करने के लिए बाध्य हुए। पाँचों में तर्क-वितर्क होने लगा। एक ने कहा—"खता तो हुई है। मगर सजा देते समय हमें मानवीय दृष्टि से काम लेना होगा। बात बादशाह और दीवान की है। कोई गड़बड़ी नहीं होनी चाहिए। ईश्वर हमारी मदद करे।"

दूसरे मोची ने कहा—"इस खता के लिए पाँच अशर्फियों की सजा दी जा सकती है!"

तीसरा चौंका—"अरे-अरे! पाँच अशर्फियाँ! कभी देखी भी हैं तुमने एक

साथ पाँच अशर्फियाँ? पाँच अशर्फियाँ कम होती हैं क्या? साल भर खटने के बाद कभी एक अशर्फी भी तुमने बचाई है क्या? बड़ा आया न्याय करने! अरे, सजा ऐसी दो जिस पर आदमी अमल भी कर सके।''

चौथे मोची ने कहा—''हाँ, भाई! बात ठीक ही कहते हो। पाँच अशर्फी तो बहुत होती हैं। ऐसा करो, पाँच आने नकद और पाँच सेर अनाज का दंड सुना दो। इतना भी तो हम साल भर में नहीं बचा पाते! इतना चुकाने में ही बीरबल के पसीने छूट जाएँगे।''

बीरबल के अपराध की सजा तय हो गई।

दूसरे दिन सबेरे जब पाँचों मोची बीरबल के विरुद्ध सजा सुनाने के लिए तैयार होकर निर्दिष्ट स्थान पर आए तो पाया कि बादशाह अकबर और दीवान बीरबल वहाँ पहले से मौजूद थे। अकबर में उत्सुकता थी कि देखें, ये गरीब मोची क्या सजा सुनाते हैं!

मोचियों में से एक ने बादशाह से कहा—''जहाँपनाह! हमने आपस में पूरी घटना पर विचार किया और पाया कि बीरबल से अपराध हुआ है। पहले तो हमने पाँच अशर्फियों का दंड उन पर लगाए जाने की सोची लेकिन फिर विचार हुआ कि साल भर कमाने के बाद जिस मुल्क में एक आना भी मुश्किल से बचता हो, वहाँ किसी आदमी को पाँच अशर्फियों का दंड उसे जिन्दा रहते हुए मर जाने का दंड देने के बराबर है। पाँच अशर्फिया तो इस मुल्क में जीवन भर एड़ियाँ रगड़कर भी कोई नहीं कमा सकता तो दंड का भुगतान वह कहाँ से करेगा? ऐसा सोचने के बाद हमने बीरबल को पाँच आने नगद और पाँच सेर अनाज का दंड सुनाने का फैसला किया है।''

अकबर को समझ में आ गया कि बीरबल ने बहुत सोच-समझकर इन गरीब मोचियों को अपना पंच बनाया है और इस पंचायत के माध्यम से उनके राज्य में गरीबों की वास्तविक हालत की तस्वीर, बिना कुछ कहे, उनके सामने रख दी है।

अकबर ने उन मोचियों को इस न्याय के लिए सौ-सौ अशर्फियाँ दिलवाईं और बीरबल के अपराध को क्षमा कर दिया।

इसके बाद अकबर ने अपने राज्य के गरीबों के कल्याण के लिए कई योजनाएँ आरम्भ कीं जिसके कारण लोग उसे 'गरीबपरवर' कहने लगे।

नहले पर दहला

एक बार अकबर अपने मुँहलगे दरबारी बीरबल को साथ लेकर पड़ोसी राज्य की यात्रा पर निकल गए। दोनों का वेश बदला हुआ था और दोनों ने अपना वास्तविक परिचय गुप्त रखा था। अपने शासन को चुस्त-दुरुस्त रखने के लिए उन दिनों बादशाह और राजा-महाराजा इस तरह की यात्राएँ किया करते थे।

दूसरे राज्य में पहुँचकर अकबर और बीरबल ने एक सराय में ठहरकर विश्राम किया और शाम होने पर नगर भ्रमण के लिए निकले।

एक स्थान पर अकबर ने एक कुत्ते को जलकर काली पड़ चुकी एक रोटी को चबाते देखा। अचानक अकबर को बीरबल से मजाक करने की सूझी। उसने रोटी चबाते कुत्ते की ओर इशारा करते हुए बीरबल से कहा–"बीरबल, देखो, कुत्ता काली को चबा रहा है।"

काली बीरबल की माँ का नाम था। अकबर इस बात को भली प्रकार जानते थे फिर भी उनके मुँह से इस तरह की बात सुनकर बीरबल को थोड़ी झेंप हुई। उसे कतई भरोसा नहीं था कि कोई बादशाह कभी अपनी मौज में आकर ऐसी बातें भी कर सकता है जो मर्यादित न हों...अकबर की बातें सुनकर बीरबल ने अपने मनोभावों को अपने नियंत्रण में रखा। उन्हें प्रकट नहीं होने दिया और बहुत सहज स्वर में प्रतिउत्तर दिया–"कुत्ते के लिए वही नियामत है।"

बीरबल का जवाब सुनकर अकबर बिगड़ गए और बोले–"बीरबल! तुम जानते हो, नियामत मेरी माँ का नाम है। फिर भी तुमने उसे कुत्ते की रोटी से जोड़कर बताया? क्या तुम्हें ऐसा करना चाहिए था?"

"जहाँपनाह! आप मुझे गलत न समझें, मैंने उचित ही कहा है क्योंकि

रोटी काली थी, बासी थी, खराब हो चुकी थी लेकिन भूख मिटाने के लिए वही उस कुत्ते के पास थी। इसलिए उसके लिए वही नियामत थी। मैंने इसी भाव में अपनी बात कही जबकि आपने तो यह जानते हुए कि मेरी माता का नाम 'काली' है, जान-बूझकर खराब हो चुकी रोटी से मेरी माँ का नाम जोड़ा!''

बीरबल के इस उलाहने को सुनकर अकबर खामोश हो गए। उन्होंने समझ लिया कि बीरबल की माँ का उन्होंने जिस तरह नाम लेकर उसे छेड़ा, बीरबल ने ठीक उसी शैली में उसका जवाब दे दिया है। यह नहले पर दहला जड़ने जैसी बात थी।

नदी का मानवीकरण

यमुना के किनारे अकबर ने अपने लिए विशाल महल का निर्माण कराया और उसमें रहने लगे। बरसात के दिन थे। एक बार ऐसा हुआ कि सात दिनों तक मूसलाधार वर्षा हुई। नदी-नाले उफनने लगे। यमुना में बाढ़ आ गई। अकबर का महल भव्य था और जमीन से काफी ऊँचाई पर उसका निर्माण कराया गया था जिसके कारण न तो महल तक बाढ़ का पानी पहुँच पाया और न ही लगातार बारिश होने से ही उसे कोई नुकसान हुआ।

अकबर चैन से अपने महल में रह रहे थे। महल में उनका शयनकक्ष यमुना के किनारे था जिसके कारण उनके कमरे की दीवार से यमुना का पानी आकर टकराने लगा। पानी टकराने से एक अजीब-सा शोर उत्पन्न होता और धीरे-धीरे उसकी अनुगूँज हवा में विलीन होती।

एक रात जब अकबर सोए हुए थे, तब फिर से मूसलाधार बारिश होने लगी। यमुना की लहरों में तीव्रता आ गई और ये लहरें जाकर अकबर के शयनकक्ष की मजबूत दीवार से टकराने लगीं–छपाक्! छपाक्!! पानी के इस अजीब शोर के कारण अकबर की नींद खुल गई। वह अपनी शैया से उठे और खिड़की खोलकर बाहर झाँकने लगे। वह उस शोर का कारण जानना चाह रहे थे जिसके कारण उनकी नींद खुल गई थी।

अँधेरे में दूर तक अकबर को पानी के सिवा कुछ और नहीं दिखा। वर्षा के शोर की सरसराहट के बीच यमुना की लहरों के महल की दीवार से टकराने के कारण एक अजीब सी ध्वनि पैदा हो रही थी। देर तक अकबर पानी का शोर सुनते रहे और उन्हें महसूस हुआ कि यह शोर और कुछ नहीं, नदी के रुदन का स्वर है।

अकबर का मन यह सोचकर विह्वल हो गया। नदी रो रही है!–ऐसा

सोचकर अकबर के रोंगटे खड़े हो गए। उनके मन में सवाल उठा–'आखिर नदी रो क्यों रही है?'

मगर मन में उठते इस सवाल का कोई जवाब उन्हें नहीं मिला। वह खिड़की बन्द करके पुनः अपनी शैया पर पहुँच गए। मगर नींद उनकी आँखों से कोसों दूर जा चुकी थी। बहुत बेचैनी से अकबर ने वह रात गुजारी...बार-बार उनके मन में यही सवाल उठता–'आखिर नदी रो क्यों रही है?'

दूसरे दिन अकबर जब दरबार में आए तो दरबारियों से पूछने लगे–"नदी क्यों रोती है?"

दरबारी से अकबर के सवाल का जवाब नहीं बन पड़ा।

अन्त में अकबर ने बीरबल से भी वही सवाल किया।

बीरबल ने अकबर से पूछा–"जहाँपनाह! आपने नदी को रोते कहाँ सुना है?"

"अपने शयनकक्ष में।" अकबर ने जवाब दिया।

बीरबल ने अकबर से कहा–"जहाँपनाह! मेरी गुजारिश है कि मुझे अपने शयनकक्ष में ले चलें। मैं स्वयं नदी का रोना सुन लेने के बाद ही आपको बता सकूँगा कि नदी क्यों रोती है!"

अकबर ने बीरबल की शर्त मान ली और उस दिन दरबार के समापन के बाद बीरबल को साथ लेकर अपने महल में आ गए।

भोजन आदि से निवृत्त होकर अकबर अपने शयनकक्ष में आए। उनके साथ बीरबल भी था।

बीरबल ने अकबर से पूछा–"नदी किस समय रोती है?"

"मध्य रात्रि को! जब हर ओर सन्नाटा छा जाता है तब नदी के रोने का स्वर स्पष्ट सुनाई देता है।" अकबर ने बीरबल को बताया।

बीरबल को अकबर की बात कुछ-कुछ समझ में आने लगी। बीरबल जानता था कि मनुष्य कभी-कभी किसी वस्तु या दृश्य का मानवीकरण कर लेता है और वस्तु या दृश्य में मनुष्य जैसे व्यवहारों की कल्पना करने लगता है। उसे उस वस्तु या दृश्य से सम्बन्धित अपने मन की काल्पनिक क्रियाएँ भी सच्ची जान पड़ती हैं।

अकबर के साथ यही बात हुई थी। अकबर ने नदी में महिला का

आरोपण कर लिया था जिससे नदी की हरहराती लहरें किसी महिला के रुदन के स्वर का भान कराने लगी थीं। बीरबल ने अकबर की समस्या समझ ली थी। अब वह उस समस्या के निवारण के बारे में सोचने लगा। थोड़ी देर के मौन के बाद बीरबल ने अकबर से कहा–"जहाँपनाह! जब आपको नदी का रोना सुनाई पड़ने लगे तब मुझे बता दीजिएगा। मैं भी नदी का रोना सुनना चाहता हूँ। उसका रोना सुनकर ही मैं आपको रोने का कारण बता सकूँगा।"

"इसके लिए तो हमें मध्य रात्रि तक जागकर प्रतीक्षा करनी पड़ेगी।" अकबर ने बीरबल को समस्या बताई।

बीरबल ने कहा–"कोई बात नहीं है जहाँपनाह! हम जगकर बारिश के मौसम का मजा लेंगे।"

थोड़ी देर के बाद ही आसमान में छाए मेघ बरसने लगे। बारिश का शोर रात के सन्नाटे में अजीब अहसास पैदा करने लगा। रात बीतने लगी। मध्य रात्रि तक बारिश थमी नहीं बल्कि तेज हो गई। बीरबल को यमुना की लहरों के महल की दीवारों से टकराने की आवाज साफ सुनाई पड़ने लगी।

तभी अकबर ने बीरबल से कहा–"सुनो बीरबल! सुनो! नदी के रोने की आवाज सुनाई देने लगी है।"

बीरबल ने शयनकक्ष की खिड़की खोलकर बाहर देखा। अँधेरी रात में यमुना की लहरों पर बारिश की बूँदें पड़ रही थीं–सर-सर, सरर, सरर! अजीब सा शोर यमुना की लहरों पर बारिश की बूँदों के गिरने से पैदा हो रहा था। यमुना की वेगवती लहरें जब महल की दीवार से टकरातीं तो 'छपाक! छप-छपाक!' की ध्वनि उभरती। बारिश और लहरों के टकराने के स्वरों के घुल-मिल जाने के कारण जो स्वर उठता, उसे सुनकर ऐसा लगता मानो नदी जोर-जोर से सुबक रही हो!

यह सारा मंजर देखकर बीरबल ने कहा–"जहाँपनाह! वाकई नदी रो रही है। नदी अपने पिता पर्वतराज हिमालय से विदा लेकर अपने ससुराल सागर के पास जा रही है। पिता का घर छूटने के कारण नदी विह्वल है और वह रो रही है।"

बीरबल की बातें सुनकर अकबर के मन का संशय मिट गया। उन्होंने

संतोष की साँस लेते हुए कहा–"हाँ, बीरबल! बिलकुल ऐसा ही है। पिता के घर से विदा होने पर लड़कियाँ जिस तरह रोती हैं उसी तरह यह नदी भी रो रही है।"

इसके बाद बीरबल ने शयनकक्ष की खिड़की बन्द कर दी। रात अधिक बीत चुकी थी इसलिए अकबर और बीरबल दोनों सोने चले गए।

सबेरा होने पर दोनों जगे। स्नान आदि से निवृत्त होकर जलपान किया और दरबार चले गए।

अकबर उस दिन शान्त रहे और किसी से नहीं पूछा कि 'नदी क्यों रोती है।

राजमहल के सामने लूट

एक दिन बादशाह अकबर अपने महल की छत पर बीरबल के साथ बैठे हुए मनोरंजक बातों में मशगूल थे। बीरबल का साथ बादशाह को इसलिए पसन्द था कि उसके पास दिल को खुश कर देनेवाली बातों का खजाना था। बीरबल का दिमाग इतनी तेज गति से काम करता था कि अकबर कोई प्रसंग छेड़ते और बीरबल उस प्रसंग के अथ से इति तक का मनोरंजक ढंग से खाका तैयार कर देता। बीरबल से बातें करके अकबर अपनी ऐसी उलझनों को भी दुरुस्त कर लेते, जिन उलझनों का निदान तलाशना उनके लिए कठिन होता।

अकबर-बीरबल की बातें चल ही रही थीं कि महल के सामने वाली सड़क से गुजरते एक राहगीर की दर्द से बिलबिलाती हुई आवाज सुनकर दोनों चौंक पड़े और अपने स्थान से उठकर आवाज की दिशा में महल की छत की ओर बढ़ गए।

मुँड़ेर के पास आकर अकबर और बीरबल ने नीचे झाँककर देखा—एक आदमी सड़क के बीचोबीच बैठा विलाप कर रहा था। उसके सिर से खून टपक रहा था। बादशाह ने प्यादों को भेजकर उस आदमी को बुलवाया और स्वयं बीरबल को साथ लेकर अपने कक्ष में चले आए।

वह विकल-विह्वल आदमी जब बादशाह की बैठक में हाजिर हुआ, तो बादशाह को सामने देखकर उसका धैर्य जाता रहा और वह फूट-फूटकर रोने लगा, फिर रोते-रोते ही बोला—"जहाँपनाह! आपके महल के पास भी जब आदमी महफूज नहीं है तब सोचिए कि पूरी सल्तनत का क्या हाल होगा?"

अकबर को उस आदमी की बात चुभ सी गई मगर बात सही थी। उस आदमी को उनके महल के सामने ही किसी ने लूट लिया था। बादशाह ने

सिपाहियों को बुलाकर उन लुटेरों को पकड़कर लाने का हुक्म दे दिया मगर सिपाही भी इधर-उधर दौड़ लगाकर थक गए और निराश लौट आए।

बादशाह के सामने बैठा आदमी अब भी रो रहा था हालाँकि उसके जख्मों की मरहम-पट्टी करवा दी गई थी।

उसने बादशाह को बताया था कि वह अपनी पुत्री के विवाह के लिए जेवर बनवाकर सोने की दुकान से निकला था तब ही उसके पीछे लुटेरे लग गए थे और जब वह महल के सामने से गुजर रहा था तब लुटेरे उस पर प्रहार कर उसका थैला छीनकर भाग गए थे।

उसके रुदन से उद्वेलित होकर बादशाह अकबर ने बीरबल से कहा– "यह हम लोगों के लिए शर्म की बात है। हमारे महल के आगे जब कोई व्यक्ति लुट लिया जाता है तब महल के दूरस्थ स्थानों पर क्या होता होगा?"

बीरबल ने बादशाह की बात शान्त होकर सुनी और शान्त भाव से ही कहा–"जहाँपनाह! चिराग तले अँधेरा रहता ही है। यह कोई अनहोनी बात नहीं हुई। महल के नीचे किसी के लुट जाने का यह अर्थ कतई नहीं है कि आपकी सल्तनत में कहीं कानून और व्यवस्था है ही नहीं! मुझे बताइए इससे पहले राज्य के किसी भाग से आप तक किसी लूट या डकैती की कोई खबर पहुँची है?"

अकबर को बीरबल की बात जँच गई और उनके मन का उद्वेलन शान्त हो गया। उन्होंने उस आदमी को पर्याप्त धन देकर विदा किया ताकि वह अपनी पुत्री का विवाह धूमधाम से कर सके।

लोटा न था

अकबर बातों ही बातों में हुनर सीखने में माहिर थे। कई बार उनके उलझन-भरे सवाल उनकी निजी जिज्ञासाओं को शान्त करने के लिए हुआ करते थे।

एक बार बादशाह के मन में द्विअर्थी संवादों के प्रति जिज्ञासा पैदा हुई। वह ऐसे संवादों की तलाश में रहने लगे जो एक समय में कई अर्थ ध्वनित करते हैं।

एक दिन अकबर ने बीरबल से पूछा–"दो विविध प्रश्नों का एक ही उत्तर हो तो बहुत मजा आएगा–है न!"

बीरबल ने कहा–"दो प्रश्नों का एक उत्तर कुछ मामलों में कौतुक उत्पन्न करता है, मैं भी मानता हूँ। कभी-कभी यह मजेदार भी होता है।"

"मुझे दो सवाल ऐसे बताओ जिसका उत्तर एक ही हो।" अकबर ने बीरबल से कहा।

थोड़ी देर सोचने के बाद बीरबल ने कहा–"जहाँपनाह! शाम को हम जब टहल रहे होंगे उस समय मैं आपके प्रश्न का उत्तर देने का प्रयास करूँगा।"

शाम को अकबर बीरबल के साथ टहलने निकले। उन्होंने बीरबल को याद दिलाया कि एक उत्तरवाले दो सवाल वह उन्हें बतानेवाला था। ठीक उसी समय एक प्यासा त्रिपुंडधारी ब्राह्मण प्याऊ के पास से निराश लौटता दिखा। प्याऊ में पानी के घड़े तो थे लेकिन ऐसा कोई पात्र नहीं था जिससे ब्राह्मण पानी निकालकर पीता। प्याऊ से थोड़ी दूरी पर एक गदहा गरदन झुकाए खड़ा था। यह दृश्य देखकर बीरबल के मन में अकबर के प्रश्न का समाधान सूझ गया, उसने कहा–"जहाँपनाह! प्याऊ के पास से लौटते

ब्राह्मण को देखकर सवाल पैदा होता है कि ब्राह्मण प्यासा क्यों? और प्याऊ से थोड़ी दूरी पर मुँह लटकाए गदहे को देखकर सवाल पनपता है कि गदहा उदास क्यों?'

"हाँ, ये सवाल पूछे जा सकते हैं। मौजू हैं।" अकबर ने कहा।

"और जहाँपनाह! इन दोनों प्रश्नों का उत्तर एक ही है—लोटा न था।"

बीरबल की बातें सुनकर अकबर अचानक चौंक से गए। "अरे हाँ! तुम ठीक कहते हो। गदहे लोट-लोटकर अपनी थकान मिटाते हैं और लोटा के बिना ब्राह्मण पानी नहीं पी पाया!"

बीरबल के इस सप्रमाण उत्तर से अकबर बहुत खुश हुए।

लाजवाब घटाव

बीरबल को बरसात के मौसम से गहरा लगाव था। अकबर को भी बरसात के दिन अच्छे लगते थे। बरसात की चर्चा दोनों अलमस्ती में करते। कभी बातचीत में अकबर ने बीरबल से कहा था कि साल भर में बरसात के दिन ही ऐसे दिन हैं जिन्हें भरपूर जिया जा सकता है। बीरबल के जेहन में यह बात बैठ गई थी।

एक दिन अकबर अपने दरबार में बैठे थे और दरबारियों में पलक झपकते ही गणित के रोजमर्रे के सवाल हल कर लेने की होड़ लगी हुई थी।

बीरबल ने अपने को इस होड़ से बाहर रखा था। वह अपने आसन पर कुछ इस भाव में बैठा था मानो दरबार में हो रही चर्चाओं से उसे कुछ लेना-देना ही न हो!

अकबर ने एक-दो बार बीरबल की ओर कुछ इस भरोसे से देखा कि वह कुछ बोलेगा मगर बीरबल ने उनकी भी अनदेखी कर दी। अन्ततः अकबर ने ही बीरबल से पूछा–"बीरबल! तुम बताओ, बारह में से चार गए तो बाकी कितने बचे?"

बीरबल ने जवाब दिया–"बाकी क्या बचेगा जहाँपनाह! खाक!"

"क्यों? क्या कुछ बचेगा ही नहीं?" अकबर ने पूछा।

उस समय सभी दरबारी बीरबल के जवाब से सन्नाटे में आ गए थे।

बीरबल ने जवाब दिया–"कैसे कुछ बचेगा जहाँपनाह! वर्ष में बारह महीने होते हैं। उनमें चार ही माह बरसात के हैं। ये चार माह गए तो वर्ष भर में बचा ही क्या रहा!"

बीरबल की बात सुनकर अकबर मुस्कुरा दिए और फिर पूछा–"अच्छा, अब यह बताओ कि सत्ताईस में से नौ गए तब क्या बचे?"

"जहाँपनाह! इस घटत से भी कुछ हासिल होनेवाला नहीं!" बीरबल ने कहा।

अकबर ने मुस्कुराते हुए कहा–"बीरबल, तुम्हारा गणित बहुत अस्पष्ट है, जरा समझा भी दो कि कैसे कुछ हासिल नहीं बचेगा?"

बीरबल ने कहा–"जहाँपनाह! वर्ष में सत्ताईस नक्षत्र होते हैं। उनमें से नौ नक्षत्र बरसात के हैं। यदि वर्ष के सत्ताईस नक्षत्रों में से नौ नक्षत्र निकल जाएँ तो जो बचेगा उससे हासिल ही क्या है? बरसात के नक्षत्रों के कारण ही तो बारिश होती है। खेत में फसलें लहलहाती हैं और चारों ओर खुशहाली आती है।"

बीरबल के तर्कपूर्ण उत्तर सुनकर अकबर सन्तुष्ट हुए जबकि दरबारी आपस में खुसुर-फुसुर करते हुए बीरबल के उत्तरों में मीन-मेख निकालने लगे।

वनस्पतियों का बीज

अकबर के दरबार में बीरबल का महत्त्व धीरे-धीरे इतना बढ़ गया कि अकबर बिना बीरबल की सलाह के कोई भी महत्त्वपूर्ण निर्णय नहीं लेते थे। समारोह की तैयारी हो तो बीरबल की सलाह, सामरिक प्रबन्धन हो तो बीरबल की सलाह, साम्राज्य का विस्तार हो तो बीरबल की सलाह। स्थिति यह हो गई थी कि पूरे दरबार में बीरबल ही महत्त्वपूर्ण हो गया था और शेष दरबारी गौण हो गए थे।

स्वाभाविक तौर पर अपनी इस स्थिति पर दरबारियों में क्षोभ था लेकिन स्थिति के खिलाफ कुछ भी बोलने का साहस किसी भी दरबारी में नहीं था। अकबर बादशाह थे और उनका अख्तियार था कि जिससे चाहें, राय लें। इसमें किसी को भी हस्तक्षेप करने का हक नहीं था।

अकबर की सल्तनत के मंत्रिगण भी परेशान थे कि बादशाह किसी भी जरूरी बात के लिए उनसे मंत्रणा करने की कभी आवश्यकता ही नहीं समझते। बीरबल के कारण दरबारियों और मंत्रियों में पल रहे असन्तोष की जानकारी अकबर को थी। वे उचित अवसर की तलाश में थे ताकि बीरबल की अहमियत से सबको परिचित करा सकें।

अकबर अपने समय के ऐसे बादशाह थे जिन्होंने मिल-जुलकर रहने की राह बनाई थी फिर अपने ही दरबार में किसी एक व्यक्ति के विरुद्ध दुर्भावना पैदा होने के प्रति लापरवाह कैसे रह सकते थे?

एक बार बीरबल को राज्य के किसी काम से कहीं बाहर जाना पड़ा। बीरबल का यह प्रवास तीन दिनों का था। दरबारियों और मंत्रियों को जब मालूम हुआ कि बीरबल तीन दिनों तक दरबार में नहीं आएगा तब उनमें खुशियों का संचार सा हुआ मानो उन्हें मनमाँगी मुराद मिल गई हो! सबने

हसीन ख्वाब सजाए कि बीरबल की गैर-हाजिरी में उन्हें बादशाह को अपनी अक्लमन्दी का नमूना पेश करने का मौका मिल जाएगा।

मगर पहले दिन दरबार की दिनचर्या सामान्य बनी रही। कोई भी ऐसी घटना घटित नहीं हुई कि किसी दरबारी को अपनी काबिलीयत दिखलाने का मौका मिलता और न ही कोई ऐसा वाकया सामने आया जिसमें वाक्-चातुर्य का इस्तेमाल कर कोई खुद को बीरबल से श्रेष्ठ हाजिरजवाब प्रमाणित करता।

दूसरा दिन आया और उसी तरह बीत गया—घटनाहीन! जैसे पहला दिन बीता था। बादशाह ने भी अपनी ओर से इन दो दिनों में कोई चर्चा नहीं छेड़ी और न ही कोई उलझन बताई जिसमें दरबारी अपनी-अपनी बुद्धि का इस्तेमाल कर बादशाह को रिझाते। दो दिनों के गुजर जाने का अफसोस दरबारियों को सालता रहा। सभी दरबारियों ने एक वृद्ध मंत्री को अपना मुखिया बनाया और उसे इस बात के लिए तैयार किया कि वह बादशाह से स्पष्ट रूप से बातें करेगा कि जिस तरह बीरबल को इस दरबार में अपनी मेधा का इस्तेमाल करने का मौका मिलता है उसी तरह अन्य दरबारियों को भी अपनी योग्यता प्रमाणित करने का अवसर मिलना चाहिए। बादशाह छोटी-छोटी बातों में भी बीरबल की राय लेते हैं, इससे अन्य दरबारियों को ठेस पहुँचती है। उन्हें लगता है कि बादशाह उन्हें छोटी-छोटी बातों में सलाह देने के काबिल भी नहीं समझते। यह स्थिति किसी भी दरबार के लिए बहुत अनुकूल नहीं है।

तीसरा दिन आया। दरबार में बादशाह आए। दरबारी अपने-अपने स्थान पर बैठे। बादशाह ने महसूस किया कि आज दरबारियों का रंग-ढंग कुछ बदला हुआ है। कारण उनकी समझ में नहीं आया। उन्होंने इस बात पर यह सोचकर तवज्जो नहीं दी कि जो भी बात होगी, वह समय आने पर प्रकट हो ही जाएगी।

अकबर को अधिक देर प्रतीक्षा नहीं करनी पड़ी। उनका एक पुराना मंत्री उनके पास आया और बोला—"आलीजाह! मुझे इस दरबार की तरफ से आपसे कुछ गुजारिश करनी है। यदि हुक्म हो तो मैं कुछ कहूँ!"

अकबर समझ गए कि बीरबल की गैर-हाजिरी में सभी दरबारी मिलकर उनसे कोई खास बात करना चाहते हैं और यह खास बात क्या

हो सकती है...बीरबल की शिकायत...? नहीं, इसकी तो कोई सम्भावना नहीं है!...फिर क्या...? अकबर के मन में संशय के बादल मँडराए। अपनी उत्सुकता छिपाते हुए अकबर ने वृद्ध मंत्री को इजाजत दे दी कि वह कुछ बोले।

इजाजत मिलते ही उस मंत्री ने कहना शुरू किया–"आलीजाह! आपके दरबार में एक से बढ़कर एक दरबारी हैं। अक्ल और हुनर में इन दरबारियों का कोई सानी नहीं है। मगर हुजूर! बीरबल के करिश्माई व्यक्तित्व से आप इतने प्रभावित हैं कि छोटी-से-छोटी बात पर उसकी ही सलाह लेते हैं। मेरी गुजारिश है कि बादशाह होने के नाते आप अपने सभी दरबारियों को अपनी प्रतिभा दिखाने का उचित मौका दीजिए। यही शासन का धर्म है और यही वक्त की जरूरत!"

मंत्री की बात सुनकर अकबर ने मुस्कुराते हुए कहा–"आपने वजा फरमाया! मेरी नजर में इस दरबार का हर शख्स महत्त्वपूर्ण था, है और रहेगा! हाँ, एक बात आप अपने दिलोदिमाग में उतार लें कि शासन-प्रशासन में कोई भी बात छोटी नहीं होती है। या यूँ कहे कि छोटी लगनेवाली बातें ही बहुत महत्त्वपूर्ण होती हैं। रही बीरबल से सलाह लेने की बात, तो आप यह समझें कि उसका दिमाग जितनी तेजी से समस्याओं का सटीक समाधान तलाश लेता है उसका कोई दूसरा उदाहरण मेरे सामने नहीं आया है। हाथ कंगन को आरसी क्या! अभी एक समस्या मेरे सामने है, मैं आप सबके सामने वह समस्या रखता हूँ, आप सब मिलकर मुझे बता दें तो आज क्या...अभी से मैं आपसे या आप लोगों से ही सलाह लिया करूँगा," इतना कहकर अकबर ने प्रतिक्रिया जानने के लिए वृद्ध मंत्री का चेहरा देखा।

वृद्ध मंत्री बादशाह की बातें सुनकर उत्सुक हुआ। उसे अपना उद्देश्य सफल होता जान पड़ा। उसने पूछा–"आलीजाह! समस्या क्या है?"

अकबर ने कहा–"मैं जहाँ कहीं भी जाता हूँ मुझे वनस्पतियों से ढँकी धरती दिखाई देती है। लगता है कि सारी पृथ्वी वनस्पतियों के आवरण में है। सारी पृथ्वी वनस्पतियों से आच्छादित है। मैं जानना चाहता हूँ कि इन वनस्पतियों का बीज कहाँ है?"

वृद्ध मंत्री सामान्य से लगनेवाले इस प्रश्न का उत्तर नहीं दे पाया। उसने

सभी दरबारियों के सामने यह प्रश्न रखा। सभी दरबारी उधेड़बुन में पड़ गए। किसी को कोई उत्तर नहीं सूझा।

समय बीतता रहा। दोपहर अपने ढलान पर थी कि दरबार में बीरबल ने प्रवेश किया। अकबर उसे देखकर प्रसन्न हो गए और उन्होंने भिश्ती से कहा कि बीरबल को पानी पिलाए।

भिश्ती से पानी लेकर बीरबल उसे पीनेवाला ही था कि अकबर ने कहा–"बीरबल! काफी देर से दरबार के सभी विद्वान यह जानने में लगे हैं कि वनस्पतियों का बीज कहाँ है!"

बीरबल को समझते देर नहीं लगी कि बादशाह चाहते हैं कि इस प्रश्न का अविलम्ब उत्तर वह दे।

बीरबल ने अपनी अँजुरी में पानी भरकर धरती पर फेंका और कहा–"जहाँपनाह! जहाँ यह पानी गिरा है, वही है वनस्पति का बीज!"

सभी दरबारी अवाक्! बीरबल की बातें सुन रहे थे। किसी की समझ में बीरबल की बात नहीं आई।

बीरबल को अहसास था कि दरबारी उसकी बात नहीं समझ पाए हैं। तब उसने कहा–"जहाँपनाह! प्रकृति ने पृथ्वी की रचना ऐसे की है कि जहाँ कहीं भी पानी और मिट्टी का संसर्ग होगा, वहीं वनस्पतियाँ जन्म ले लेंगी। कहीं फफूँद के रूप में तो कहीं शाल और देवदारु के रूप में! यही पृथ्वी की विशेषता है। समस्त ग्रहों में इसीलिए हमारी पृथ्वी ही हरी-भरी है–वनस्पतियों से आच्छादित!"

बीरबल की बात सुनकर अकबर प्रसन्न हुए और उन्होंने वृद्ध मंत्री से पूछा–"अब आप समझ पाए कि बीरबल से ही सलाह लेने का कारण क्या है?"

वृद्ध मंत्री की भंगिमा बता रही थी कि अपने प्रयास की विफलता से वह लज्जित है। शेष सभी दरबारियों ने भी अपने सिर झुका लिये थे।

अपने तख्त पर बैठे बादशाह अकबर मुस्कुरा रहे थे।

विद्वत्ता की बात

एक दिन अकबर के दरबार में मौसम पर चर्चा होने लगी। बादशाह इस चर्चा में स्वयं रुचि ले रहे थे इसलिए दरबारी उसमें जी-जान से लगे हुए थे।

किसी ने गर्मी के मौसम को सबसे अच्छा बताया तो किसी ने सर्दी की शान में कसीदे पढ़े। किसी को बरसात के उमड़ते-घुमड़ते गदराए बादलों का सौन्दर्य स्मरण हो आया। चर्चा में सभी दरबारी बढ़-चढ़कर हिस्सा ले रहे थे।

अकबर ने गौर किया कि बीरबल इस चर्चा में भाग नहीं ले रहा है तो उसने बीरबल को उकसाया–

"क्या बात है बीरबल, तुम कुछ भी नहीं बोल रहे हो? तुम भी तो बताओ कि कौन-सा मौसम सबसे प्यारा है?"

बीरबल मानो इस उकसावे का इन्तजार ही कर रहा था, उसने कहा– "जहाँपनाह! मेरे विद्वान साथियों ने मौसम के बारे में इतनी विद्वत्तापूर्ण जानकारियाँ दी हैं कि मुझ नाचीज का बोलना या न बोलना दोनों बराबर है। लेकिन आपका हुक्म है तो मैं बोलूँगा ही। मेरी दृष्टि में हर मौसम का अपना-अपना महत्त्व है। एक है, इस कारण ही दूसरा है।

अब गर्मी की ही बात लें तो गर्मी में जितने तरह के फूल और फल देखने को मिलते हैं, क्या किसी अन्य मौसम में उस तरह के फूल और फल का वजूद दिखाई पड़ता है? तरबूज, खरबूज, खीरा, ककड़ी, नारंगी, सन्तरा, किनू, सपाटू, आम, लीची और ऐसे ही न जाने कितने फल जो रूह को

ताजगी और सुकून से भर देते हैं। आग बरसानेवाले सूरज की तपिश से इनसान जब बेचैन होता है तब ये फल उन्हें तपिश से राहत दिलाने का काम करते हैं।

गर्मी में नदी-नाले का पानी भाप बनकर उड़ जाता है और बादल बन जाता है। इसलिए ही गर्मी के बाद बरसात का मौसम आता है। इस मौसम में वही बादल बरसते हैं जो गर्मी में पानी के भाप बन जाने से बने थे। वही पानी की आसमानी बूँदें धरती के रग-रग की प्यास हर लेती हैं। धरती उर्वर बनती है। धरती के जर्रे-जर्रे में पानी के संचार से मौसम की तपिश मिट जाती है और वातावरण सर्द होने लगता है। इस तरह बरसात के बाद जाड़े का आगमन होता है। इन तीनों मौसम में अपने-अपने ढंग का अलग-अलग आनन्द है जिसकी एक-दूसरे से तुलना नहीं की जा सकती। हाँ, इन तीनों मौसम में एक बात जो समान है, वह बात यह है कि यदि आदमी के पास पैसा है तो इन तीनों मौसमों का लुत्फ उठाया जा सकता है। पैसा है तो खस की गीली चटाई और खस के मोटे पर्दों का इस्तेमाल करके गर्मी में जो राहत मिलती है, उसका तजुर्बा किसी गरीब ने शायद ही किया हो।

गर्मी के मौसम में ठंडाई और शरबत का जायका भी गरीबों से दूर है। बरसात में पक्की छतों के नीचे बैठकर चिलमन से झाँककर आसमानी फुहारों का आनन्द किसी झोंपड़ी में रहनेवाले को नहीं मिलता। वह तो अपनी टपकती छप्पर को ही दुरुस्त करने में अपना वक्त लगाता है। जाड़े का आनन्द भी वही उठा पाता है जिसके पास अपने कमरों में अलाव जलाकर उन्हें गर्म रखने की कूवत है या जिनके पास गर्म कपड़े हैं। तोशक, तकिया और रजाई आदि का इस्तेमाल करने की औकात रखनेवालों की मौत कभी पाला मार जाने के कारण नहीं होती। लू की चपेट में आकर कोई मातबर आदमी आज तक नहीं मरा और न ही बाढ़ के पानी की चपेट में आकर कोई महल ही बहा है। इसलिए जहाँपनाह! मेरी समझ यही है कि जब जेब में पैसे हैं तो हर मौसम हसीन है और जब पैसे नहीं हैं तब हर मौसम दुख देनेवाला है।"

अकबर को बीरबल की बातें अधिक पसन्द आईं क्योंकि उसने अपने व्यावहारिक तर्कों का इस्तेमाल करके हर मौसम की सुखद और दुखद

पहलुओं की जानकारी दी थी।

अकबर ने अपने अन्य दरबारियों से कहा–"आज फिर बीरबल ने किताबी जानकारी से अलग व्यावहारिक धरातल की सच्चाइयों का सहारा लेकर यह बताया है कि बिना विद्वान बने भी विद्वत्ता की बात की जा सकती है।"

सबसे अच्छा

बीरबल सिर्फ हाजिरजवाब ही नहीं था बल्कि उसकी बातें सूझ-बूझ और सच्चाई की परिचायक होती थीं। यही वह महत्त्वपूर्ण कारण था कि अकबर के दरबार का वह 'रत्न' था।

एक बार अकबर ने अपने दरबारियों से पूछा–"सबसे अच्छा फूल कौन सा है?"

दरबारियों की भिन्न-भिन्न राय आने लगी। जूही, चमेली, चम्पा, कनक, बेला, रजनीगन्धा, कचनार, हरसिंगार, गुलाब, कमल आदि अनेक फूलों के नाम दरबारियों ने गिनाए और इन फूलों को सर्वश्रेष्ठ मानने का कारण भी दरबारियों ने बताया।

अकबर किसी के भी जवाब से सन्तुष्ट नहीं थे। उन्होंने देखा, दरबार में लगभग सभी दरबारी बोल चुके मगर बीरबल मौन साधे सबकी बातें सुनता रहा। उन्होंने बीरबल से कहा–"क्या बात है बीरबल, तुम अभी तक खामोश हो! तुम भी तो अपनी राय दो कि कौन-सा फूल सबसे अच्छा होता है?"

"जहाँपनाह! दुनिया के सारे फूल खूबसूरत हैं। सभी के अपने-अपने गुण हैं। कुछ फूल मन-मस्तिष्क को सुवासित करते हैं तो कुछ फूलों में औषधीय गुण हैं। जहाँ तक सबसे अच्छे फूल की बात है तो मेरी समझ से एक ऐसा फूल जिसमें गन्ध नहीं, रस नहीं, रूप भी नहीं है–सबसे अच्छा होता है। वह फूल है कपास! इससे धागे बनते हैं और उन धागों से वस्त्र, जिससे सारी दुनिया का तन ढँकता है।"

अकबर उसकी बातें सुनकर बहुत खुश हुआ और दरबार में उसके उत्तर को विवेकपूर्ण और सटीक बताया।

अकबर द्वारा बीरबल के उत्तर की सराहना किए जाने से अन्य दरबारी चिढ़ गए और उनकी चिढ़ अकबर से छिपी न रह सकी।

अकबर एक ऐसे बादशाह थे जो सबको साथ लेकर चलना चाहते थे। अपने दरबार में एक विद्वान दरबारी से द्वेष पालनेवाले दरबारियों को देखकर उन्होंने उन्हें सबक सिखाने की ठान ली। नतीजा यह हुआ कि दूसरे दिन भी अकबर ने दरबार में एक प्रश्न किया–"आप लोग बताएँ कि पत्ता किसका अच्छा होता है?"

भृंगराज से लेकर ढाक के पत्ते तक के नाम दरबारियों ने बादशाह को बता दिए और उन पत्तों के अच्छे होने के कारण भी गिनाए। अकबर के दरबार का नजारा उस समय ऐसा हो गया मानो बहुत सारे वनस्पतिशास्त्री और वैद्य वहाँ जमा होकर पौधों के औषधीय गुणों का बखान कर रहे हों! अकबर को दरबारियों का यह रंग-ढंग पसन्द नहीं आया। उनमें अधिकांश एक-दूसरे की बात काटकर अपनी बात मनवाने की चेष्टा कर रहे थे।

बीरबल उस दिन भी चुप था मानो उसे दरबार में चल रही बहस से कुछ लेना-देना ही न हो!

थोड़ी देर के बाद जब दरबारियों का बोलना कुछ कम हुआ तब अकबर ने बीरबल से पूछा–"बीरबल, अब तुम बताओ कि सबसे अच्छा पत्ता तुम किसे मानते हो?"

बीरबल ने सधे स्वर में कहा–"जहाँपनाह! मेरी दृष्टि में सबसे अच्छा पत्ता पान का पत्ता है। पान का पत्ता विविध औषधीय गुणों से भरपूर है। यह पूजा और विभिन्न संस्कारों के समय नैवेद्य की तरह इस्तेमाल होता है। देवताओं पर चढ़ता है। संकल्प लेनेवाले 'बीड़ा' (पान) उठाकर अपने संकल्प की घोषणा करते हैं। मुख शुद्धि के रूप में पान खाने का प्रचलन है। इसका सबसे अच्छा और विशिष्ट गुण यह है कि शत्रुओं को भी पान खिलाकर मित्र बनाया जा सकता है।"

बीरबल के तर्कसंगत उत्तर से अकबर सन्तुष्ट हुए और उस दिन भी दरबार में बीरबल की सराहना की।

जिस समय अकबर बीरबल की बातों की सराहना कर रहे थे उस समय दरबारी आपस में खुसुर-फुसुर कर रहे थे। अकबर का उद्देश्य दरबारियों

में सद्भाव पैदा करना था। उन्हें अच्छे को अच्छा और बुरे को बुरा कहना सिखाना था। इसलिए तीसरे दिन भी दरबारियों से एक सवाल पूछा–"मिठाई कौन सी बेहतर होती है?"

दरबारी अपनी आदत के अनुसार उस दिन भी तरह-तरह की मिठाइयों को अच्छा बताते हुए उनकी खूबियाँ गिनाने लगे मगर बीरबल ने अकबर को यह कहकर मुग्ध कर लिया–"जहाँपनाह! बोली की मिठाई के आगे सारी मिठाइयाँ फीकी हैं। मीठी बोली से दुश्मनी भी दोस्ती में बदल सकती है। यह मीठी बोली ही माँ के मुँह से निकलकर शिशु में तरह-तरह के ज्ञान का संचार करती है। बोली की मिठाई हो तो संकट की घड़ियाँ भी सहजता से कट जाती हैं।"

अकबर ने तीसरे दिन भी बीरबल के उत्तर की तारीफ की। दरबारी उस दिन भी खुसुर-फुसुर करने में व्यस्त रहे।

चौथे दिन अकबर ने दरबारियों से पूछा–"आज आप लोग बताएँ कि कौन सा राजा सर्वोत्तम है?"

एक स्वर में सभी दरबारियों ने कहा–"जहाँपनाह! आपसे बढ़कर कोई राजा हो ही नहीं सकता।"

अकबर ने उस समय देखा कि बीरबल खामोशी अख्तियार कर बैठा हुआ है और सभी दरबारी एक स्वर से अकबर को सबसे बेहतर राजा बताने के लिए तर्क पर तर्क दिए जा रहे हैं।

अपने दरबारियों की बातें अकबर मुस्कुराते हुए सुनते रहे। प्रशंसा किसे अच्छी नहीं लगती! उन्हें भी अच्छी लग रही थी। पूरी चर्चा के दौरान जब बीरबल की खामोशी नहीं टूटी तब अकबर ने बीरबल से कहा–"तुम भी तो कुछ कहो बीरबल! सबसे अच्छा राजा तुम्हें कौन लगता है?"

बादशाह द्वारा सीधे प्रश्न पूछे जाने पर बीरबल ने निःसंकोच उत्तर दिया–"जहाँपनाह! सबसे अच्छा राजा इन्द्र है जिसके राज्य में कोई देवता दुखी नहीं होता। सबकी इच्छाएँ पूर्ण होती हैं। जिसके आदेश से वर्षा होती है और वर्षा से धरती पर फसलें लहलहाती हैं और उन फसलों से धरती पर मनुष्य का जीवन सुरक्षित रहता है।"

अकबर ने उस दिन भी बीरबल के उत्तर को प्रशंसा योग्य माना मगर उसके समर्थन में किसी भी दरबारी का स्वर मुखर नहीं हुआ।

पाँचवें दिन दरबार में आते ही अकबर ने पूछा—"सबसे अच्छा दूध किसका होता है?"

अधिकांश दरबारियों ने गाय के दूध को सबसे अच्छा बताया। कुछ ने बकरी, भैंस, ऊँट आदि के दूध का भी नाम लिया। अन्त में बीरबल ने कहा—"जहाँपनाह, सबसे अच्छा दूध माँ का दूध है, जो जन्म के बाद से ही हमारे शरीर के पोषण और रोग-निरोधी क्षमता के विकास का काम करना शुरू कर देता है। यदि माँ का दूध नहीं मिला होता तो हममें से कोई यहाँ उपस्थित होकर अपनी क्षमताओं का प्रदर्शन करने के योग्य नहीं होता। हम आज जो कुछ भी हैं वह माँ के दूध के कारण ही हैं।"

बीरबल के इस उत्तर का सभी दरबारियों ने ताली बजाकर स्वागत किया।

अकबर अपने आसन से उठकर बीरबल के समीप आए और उसे अपने गले से लगा लिया।

दरबारियों ने फिर से तालियाँ बजाईं।

इसके बाद अकबर ने 'सबसे अच्छा' के सन्दर्भवाला सवाल पूछना बन्द कर दिया। उनका उद्‌देश्य दरबारियों में समरसता पैदा करना था, और यह पूरा हो गया था।

सर्वगुण-सम्पन्न व्यक्ति

एक बार अकबर अपनी छत पर टहल रहे थे। बीरबल उनके साथ था। दोनों के बीच वक्त काटने के लिए कुछ बातें भी हो रही थीं। न जाने कैसे बातें सर्वगुण-सम्पन्नता पर टिक गईं। अकबर ने बीरबल से पूछा—"आदमी में सर्वगुण-सम्पन्नता का क्या अर्थ है बीरबल?"

"जहाँपनाह! आदमी में सर्वगुण-सम्पन्नता का मतलब है—देश-काल में प्रचलित हर तरह के कार्य सम्पादित करने की क्षमता यानी ऐसा आदमी, जो पीर, बावर्ची, भिश्ती और खर—चारों प्रकृति के कार्य कर सके।"

"क्या मतलब?" अकबर ने बीरबल की ओर देखते हुए पूछा—"जरा समझाकर कहो!"

बीरबल ने कहा—"पीर का कार्य लोगों को गुमराह होने से बचाना और सबको एक नजर से देखना होता है। बावर्ची लोगों के लिए सुस्वादु भोजन तैयार कर उनका पेट भरने का काम करता है। भिश्ती का काम लोगों की प्यास बुझाना है और खर अर्थात् गदहे का काम लगातार बोझ उठाना अर्थात् मेहनत करना है। आप यदि ठीक ढंग से देखें तो संसार के सारे कार्य इन चार श्रेणियों में ही आ जाएँगे।"

अकबर को बीरबल की यह विवेचना पसन्द आई और उन्होंने बीरबल से कहा—"बीरबल! क्या सर्वगुण-सम्पन्न व्यक्ति में ये चारों गुण मौजूद होंगे?"

बीरबल ने विनम्रता से उत्तर दिया—"अवश्य जहाँपनाह!"

अकबर ने तपाक कहा—"यदि ऐसा है तो मुझे एक सर्वगुण-सम्पन्न व्यक्ति लाकर दिखा दो।"

बीरबल दूसरे दिन ही अपने पड़ोस के एक गरीब ब्राह्मण को साथ लेकर

अकबर के दरबार में हाजिर हो गया और बोला–"जहाँपनाह! यह ब्राह्मण सर्वगुण-सम्पन्न है। ब्राह्मण पुजारी का काम करता है। लोग इसे गुरु जी कहते हैं। इस तरह यह पीर की कोटि का प्राणी है। जो भी इसे प्रणाम करता है उसे 'जीते रहो यजमान' कहकर आशीष देता है। बिना किसी भेद-भाव के, सबके लिए एक सा आशीष और एक सी भावना। यह ब्राह्मण भोज आदि के आयोजन के समय रसोई बनाने का काम करता है और सभी इसके हाथ का बना भोजन स्वीकार करते हैं। इस तरह यह बावर्ची भी है। इसके हाथ का पानी सभी पी लेते हैं। इस तरह यह भिश्ती के रूप में भी स्वीकार्य है। जहाँपनाह! इतने गुणों के रहते हुए भी यह ब्राह्मण कड़ी मेहनत कर जीविकोपार्जन करता है। इस तरह यह खर अर्थात् गदहा कोटि का प्राणी भी है।"

बीरबल की बात सुनकर अकबर प्रसन्न हुए और उस ब्राह्मण को दक्षिणा देकर विदा किया।

सूर्य और चन्द्रमा की दृष्टि

अकबर का दरबार लगा हुआ था। दरबार में चर्चा चल रही थी। चर्चा का विषय विचित्र किन्तु दिलचस्प था। चर्चा का विषय था कि ऐसी कौन सी चीज है जिस पर सूर्य अथवा चन्द्रमा की दृष्टि नहीं पड़ती?

अकबर स्वभाव से ज्ञान-पिपासु थे जिसके कारण वह अपने दरबार में इस तरह के विषयों पर चर्चा कराकर अपनी जिज्ञासाएँ शान्त कर लेते थे।

उस दिन की चर्चा में भी सूर्य और चन्द्रमा की प्रकृति और धरती से उसके सम्बन्ध आदि पर दरबारियों ने लम्बे व्याख्यान दे डाले। मगर ऐसी वस्तु, जिस पर सूर्य और चन्द्रमा की दृष्टि नहीं पड़ती, का ठोस जवाब सामने नहीं आ पाया। जब भी कोई दरबारी किसी वस्तु का नाम सुझाता तो कोई दूसरा दरबारी सतर्क उस नाम को खारिज कर देता और प्रमाणित कर देता कि उस वस्तु पर आकाशीय पिंड सूर्य अथवा चन्द्रमा की दृष्टि पड़ती है। अकबर के दरबारी कम विद्वान नहीं थे किन्तु इस छोटे से प्रश्न का उत्तर तलाशना मुश्किल प्रतीत होने लगा।

सभी दरबारी इस चर्चा में शामिल थे मगर बीरबल अब तक कुछ नहीं बोला था।

अकबर ने उसे मौन देखकर कहा–"बीरबल, तुम भी तो कुछ बताओ!"

हाजिरजवाब बीरबल ने तत्क्षण ही मुस्कुराते हुए कहा–"महाराज! मेरी समझ से अँधेरा ही ऐसी वस्तु है जहाँ सूरज और चाँद की दृष्टि नहीं जाती और न जा सकती है।"

बीरबल का जवाब सुनते ही अकबर खुश हो गए। उनके मुँह से बेसाख्ता निकला–"वाह! कमाल!"

थोड़ी देर तक वह दरबारियों की ओर मुस्कुराते हुए देखते रहे। दरबारी

भी बीरबल के उत्तर को सटीक मानकर तालियाँ बजाने लगे। फिर तालियों की उस गूँज के बीच ही अकबर ने कहा–"बीरबल! तुम्हारा जवाब नहीं! सचमुच यही है इस प्रश्न का सही जवाब। जहाँ सूरज या चाँद की दृष्टि पड़ सकती है, वहाँ अँधेरा भला कहाँ रहता है! है न?"

उस दिन अकबर ने दरबार में बीरबल की मेधा की खूब तारीफ की।

सोहबत का असर

बीरबल अपनी मेधा के बल पर बादशाह अकबर का सबसे प्रिय दरबारी बन चुका था। बादशाह उससे जरूरी मशविरे करते, उसकी सलाह पर अमल भी करते। इस तरह राज्य की गोपनीय बातों की जानकारी भी बीरबल को रहती थी। अकबर के दरबार में खास सितारा बनकर उभरने के बाद बीरबल ने यह गौरव भी हासिल कर लिया था कि बादशाह उसके साथ मौज-मस्ती की बातें भी कर लेते थे और दोनों के बीच हँसी-मजाक भी खूब चलता था।

एक दिन अकबर किसी जरूरी मसले पर बीरबल के साथ विचार-विमर्श कर रहे थे कि बीरबल के मुँह से कोई ऐसी पंक्ति निकल गई जो अकबर को अपनी गरिमा के विरुद्ध लगी। उन्होंने तत्काल बीरबल को टोका–"बीरबल, तुम निहायत ही बदतमीज हो गए हो। तुम्हें यह भी खयाल नहीं रहता कि किसके सामने बोल रहे हो और क्या बोल रहे हो! अब तुम्हारा अधिकांश समय मेरे साथ बीतता है, कुछ तो खयाल रखा करो...कोई सुनेगा तो क्या कहेगा?"

"जैसी आज्ञा महाराज! अवश्य खयाल रखूँगा। सच कहूँ तो खयाल रखता भी हूँ लेकिन क्या करूँ, जबान पर तो सोहबत का असर पड़ता ही है।"

बीरबल का यह जवाब सुनते ही अकबर चुप हो गए।

बीरबल मन्द-मन्द मुस्कुराता रहा।

●●●